强势成长股

THE LITTLE BOOK THAT MAKES YOU RICH

[美] 路易斯·纳维里尔　◎著
(Louis Navellier)

刘寅龙　◎译

中国科学技术出版社

·北　京·

北京市版权局著作权合同登记　图字：01-2024-3472

图书在版编目（ＣＩＰ）数据

强势成长股 / （美）路易斯·纳维里尔（Louis Navellier）著；刘寅龙译 . -- 北京：中国科学技术出版社，2024. 10. -- ISBN 978-7-5236-1039-8

Ⅰ . F830.91

中国国家版本馆 CIP 数据核字第 2024GX3202 号

执行策划	黄 河 桂 林	
责任编辑	申永刚	
策划编辑	申永刚	
特约编辑	蔡 波	
封面设计	东合社	
版式设计	王永锋	
责任印制	李晓霖	

出　　版	中国科学技术出版社
发　　行	中国科学技术出版社有限公司
地　　址	北京市海淀区中关村南大街 16 号
邮　　编	100081
发行电话	010-62173865
传　　真	010-62173081
网　　址	http://www.cspbooks.com.cn

开　　本	787mm×1092mm　1/32
字　　数	209 千字
印　　张	8
版　　次	2024 年 10 月第 1 版
印　　次	2024 年 10 月第 1 次印刷
印　　刷	深圳市精彩印联合印务有限公司
书　　号	ISBN 978-7-5236-1039-8/F·1312
定　　价	69.80 元

（凡购买本社图书，如有缺页、倒页、脱页者，本社销售中心负责调换）

出 品 人 推 荐

深圳市中资海派文化传播有限公司　创始人
中资海派图书　首席推荐官

桂林

中资海派诞生于创新之都深圳。金融与科技是深圳的底色，也是中资海派的聚焦点。创立 20 余年的中资海派，为读者提供了近 2 000 种优质的图书，其中不乏出版界现象级的作品，也博得了千千万万读者的认同。作为创始人和领航者，我每时每刻都以责任与匠心、温情与敬意，致敬我们这个伟大的时代，致敬我们的作者和读者。

一书一世界，一页一心语。中资海派以"趋势洞察、敏捷行动、向善理念"为行动指南，愿和所有作者、读者一起，完成人与知识的美好链接，让读者获得最佳的阅读体验。展望未来，中资海派将继续秉承"关联、互动、衍生"的商业生态逻辑，将科技与创新精神深植于企业文化之中。在世界出版业的变革浪潮中，我们站在巨人的肩膀之上，让思想的光芒熠熠生辉。

谈及《强势成长股》一书，它不仅是一本经典的选股秘籍，更是纳维里尔40 余载投资智慧的结晶。书中字里行间无不透露出纳维里尔的投资智慧，也蕴含了纳维里尔对人性的深刻理解，以及对市场的深刻洞察。正是凭借这些经过实战检验、市场认可的选股策略，纳维里尔才能在投资征途中屡创佳绩，实现令人瞩目的 41 年 5 387.9% 收益神话，成为业界公认的成长股投资者的偶像。

纳维里尔以其条理清晰的逻辑和令人信服的论述，不仅系统阐述了其独特的选股框架，还慷慨分享了其对资产配置的独到见解，在分散风险的基础上，尽情享受经济增长的盛宴。这本书如同一盏明灯，照亮了个人投资者在股市中孤独前行的道路，为个人投资者提供挖掘成长股、实现财富梦想的钥匙与工具。

⊪ 本书赞誉 ⊪

张晓海

世界权威评级机构 Morningstar 晨星亚洲区首席执行官

纳维里尔提供了一种更务实的全球化投资视角，在分散风险的基础上，帮助投资者实现有效的资产配置，分享经济成长的盛宴，实现个人投资者的财务自由。

郑　磊

南开大学经济学博士、萨摩耶云科技集团首席经济学家

真正的成长股既有基本面支持，又有诱人的成长空间，是穿越经济周期波动的秘密武器。在即将到来的新康波周期里，掌握本书的选股精髓，是未来投资成功的保障。

黄　河

中资国际投资有限公司董事长、中资出版社联合社长

巴菲特说自己是 80% 的本杰明·格雷厄姆与 20% 的菲利普·A. 费雪。我认为这个评价是客观的，投资一家企业既要关注价值，也要关注成长性，还要注重目标企业的安全边际。

史蒂夫·福布斯（Steve Forbes）

福布斯集团（Forbes Inc.）总裁

我建议你一定要读读这本别具一格的著作，然后用心去品味一番，你将会学到很有价值的东西，你的投资或许将利润滚滚。

吉姆·吉斯勒（Kim Githler）

美国国际金融展览公司英特秀公司（InterShow）创始人

路易斯·纳维里尔向投资者演讲时，会场上总是充满了激情与活力。《强势成长股》一书的意义，不仅在于向我们传授了他的成长型股票选股技术精髓，更重要的在于字里行间无不蕴含着他的投资智慧。正是通过这些已经被市场所认可的策略，他才能在 41 年的投资生涯里，实现高达 5 387.9% 的收益，市场都甘拜下风。

肯·斯特恩（Ken Stern）

肯·斯特恩联合公司（Ken Stern & Associates）执行董事

本书和路易斯·纳维里尔再次让我们感到喜出望外。作为一名基金经理、投资通讯编辑和投资顾问，我永远都不得不佩服纳维里尔在把握问题和剖析问题方面所具有的精准性和深邃性。更让我赞叹的是，在这个瞬息万变的世界里，他总能做到以不变应万变。

彼得·布莱米洛（Peter Brimelow）
《市场观察员》专栏作家

纳维里尔以清晰的条理和富有说服力的语句，总结了他的系统化选股模式，同时也介绍了他在职业生涯中的诸多经历，以及他对投资理财的深邃见解。

乔·巴蒂佩格里亚（Joe Battipaglia）
美国老牌市政债券经纪商莱恩贝克投资公司首席投资总监

纳维里尔用通俗易懂、生动流畅的语言，向无数投资者介绍了自己的成长型股票投资策略。还没有几个专业投资人士敢像他这样说："拿去用吧。"

奈德·戴维斯（Ned Davis）
美国知名证券研究机构奈德·戴维斯研究公司总裁

在这本书里，价值连城的至理名言和行之有效的投资策略无处不在，毫无疑问，这是每一个成长型投资者都不得不看的论著。它以深入浅出的方式，用最简洁、易懂的语言，为我们诠释了最简单的金融理念。

《道琼斯通讯社》(*Dow Jones Newswire*)

纳维里尔是 2003 年和 2004 年连续荣获《赫伯特金融文摘》(*Hulbert Financial Digest*) 十佳投资通讯的两位编者之一。该投资通讯依据现代投资组合理论，专注于具有最强势盈余成长和价格动能的股票。

要读懂纳维里尔，读者不需要懂得希腊字母，也不需要学习复杂的公式。纳维里尔专注于运用其八大投资指标进行分析，十分擅长去糟粕，取精华。这也是为什么他的金融投资通讯《新兴市场》能够连续 22 年超过市场平均发行量的原因。

同时，他管理的共同基金及机构基金也表现良好。根据来自著名基金评级机构晨星的报告，纳维里尔推荐并持有的试金石大型成长股基金（touchstone large cap growth fund）等 13 只主题基金在过去 3 年里，都取得了十分优异的成绩。

《出版商周刊》(*Publishers Weekly*)

路易斯·纳维里尔是全美最优秀的金融分析师。在《强势成长股》中，他自创并介绍了一种有效且持久的挑选股票方法。与现有的选股方法不同，纳维里尔将传统固有的一到两个投资指标增加到了 8 个，包括营业利润率、自由现金流和盈利增长等。

在书中，纳维里尔深入探究了股票市场起伏变化的规律及深层原因，并且用浅显易懂的语言向读者详细介绍了这八大选股指标以及这些指标与股票市场、真实世界和日常生活之间的联系。无论是投资者的个人偏好、投资习惯，还是股票投资本身具有的风险、压力、年龄、税收等因素，统统在纳维里尔的考虑范围之内。 此外，书中还向读者介绍了大量运用该投资模型取得成功的经典案例，充分体现出了其投资理念的科学性及长期有效性。

无论是刚刚上路的新手，还是经验丰富的老手，都能从纳维里尔的《强势成长股》中获得一种全新的股票投资视角。

《纽约时报》(*New York Times*)

《强势成长股》是一本非常实用的成长型投资指南。在书中，纳维里尔为读者提供了循序渐进、切实可行的成长型企业投资攻略。但该书最大的吸引力在于，他频繁地告诫读者，资本市场并不像表面上看起来那么理性，常常受到投资者的恐惧或贪婪心理的驱动。

《彭博新闻》(*Bloomberg News*)

纳维里尔为投资者树立了新型投资法的好榜样，相信每个投资者都能够从中获益！

《市场观察员》(MarketWatch)

《强势成长股》是整个股市投资文献中一颗璀璨的明珠。

《注册代表杂志》(*Registered Rep Magazine*)

读完《强势成长股》，我意识到数字是没感情的："它们不会害怕，不会贪婪，更不会因为与家人或朋友发生争执就做出错误的决策。"这段话对所有投资者来说，可谓金玉良言。

著名投资博客"柯克报告"（ *The Kirk Report* ）

纳维里尔的《强势成长股》非常棒，是成长型投资领域内不可多得的优秀著作！纳维里尔应该为此而获得嘉奖。

《养老金世界》（ *Pensions World* ）

纳维里尔的《强势成长股》能够有效帮助读者在最短的时间内建立最优化的投资组合。

《海湾财经》（ *Gulf Business* ）

纳维里尔能帮助投资者从根本上了解怎样通过正确的成长型投资策略来最大化地积累财富。

穿越市场周期，长期持股的秘诀

史蒂夫·福布斯
美国福布斯集团总裁

在股票市场上，大多数投资者都会声称自己是彻头彻尾的长期投资者，永远都会不折不扣地执行长期投资决策。但他们中的大多数最终都会南辕北辙。比如说，在市场下跌的时候，人们总是要问："是不是退出得太晚了呢？"而对于个股交易，人们又总是在大量的影响因素面前犹豫不决。无论是在电视上看到的、鸡尾酒会上听到的、报纸杂志上读到的，还是时事通讯捕风捉影提到的，都会让他们疑神疑鬼。

最终的结果是高买低卖，投资者承受着双重打击。此时，市场是你的主宰者，而不是你主宰着市场。

这正是投资界中最有意义的两个俗语：滑下"希望之山"（down

the slope of hope）和爬上"焦虑之墙"（climbing walls of worry)。在经过强劲的上升之后,熊市总会不可避免地随之而来。在熊市中,人们总是一厢情愿地认为:市场低迷是反常行为;而在市场出现反弹的时候,他们又会猜测:坏消息将会如期而至。最终这些投资者只能叫苦不迭:"只要能收回本钱就知足了,我永不再涉足股市。"此时往往是市场的最低谷。

相反,在牛市中,投资者对坏消息和可能出现的突发事件提心吊胆。他们总是谨小慎微,总想知道市场是否会出现大跌。投资者要么坐守现金,即使已经买进了股票,也是胆战心惊。只是到了牛市的后期,他们才开始一窝蜂地涌入股市。

你是否已经厌倦了被市场双重夹击的痛楚呢?你是否会让情感左右自己的投资决策呢?在残酷的市场中,你是否根本就没有一种能持之以恒的投资策略,让自己一路风光无限呢?

如果以上答案是"肯定"的话,你就可以尽情享受这本貌似平凡的投资论著,它会让你受益匪浅。

路易斯·纳维里尔有着令人羡慕的长期投资生涯。当然,他也有看走眼的时候,他选择的某些股票也曾经成为失败之作。但他有自己的一套方法,正是凭借这种以不变应万变的方法,一直让他的投资收益率远远凌驾于市场之上。纳维里尔把自己的选股秘诀总结为8个基本指标。一开始,他就意识到,单纯依赖任何一个指标,都有可能让你误入歧途。

华尔街是一个常常被情感与意识所左右的鬼地方。正如纳维里尔在本书中所说的那样,**对所有的成长型投资而言,最大的风险就是人的情感**,比如"恐惧和贪婪,往往会让投资者在完全错误的时间做出完全错误的决定"。华尔街有时比好莱坞或时装业更沉迷于潮流和时尚。我想，你不愿让自己在变幻莫测的潮流中而感到头晕目眩吧？尽管某个指标也许会在某一时刻让你受益无穷，当其他投资者也认识到这一点时，它也许会让你大失所望。对于这 8 个指标，纳维里尔认为，尽管它们在不同时刻有着不同的重要性，但还是应尽量避免因过分关注一两个指标所带来的风险。

这本书还深入探讨了在追求超额回报的同时，如何最大限度地降低风险。此外，他还在本书中讨论了 2 个经常被人们挂在嘴边，但又常常被误解的名词：β 系数和 α 系数。

归根到底，纳维里尔在本书中会告诉我们，如何找到那些在任何变幻莫测的市场中都有非凡表现的股票。由于意外情况总是难以避免，因此，他一直敦促投资者保证投资组合的多样化，比如说，始终保证投资组合由 30 ~ 40 只股票构成。

因此，我建议你一定要读读这本别具一格的著作，然后用心去品味，你将学到很多有价值的东西。你或许会从中体验到，投资不仅需要辛勤的劳作，更需要一种坚韧不拔的精神和持之以恒的策略。

纳维里尔告诉读者，把握重点和严格自律，将会让你的财富滚滚而来。

强势
成长股

THE LITTLE BOOK
THAT MAKES YOU RICH

41年被市场反复验证且有效的选股指标

凯恩斯（Cannes）

新浪财经博客点击量过10亿、中国十大财经自媒体之一

自上证指数在6 124点见顶后，A股一路下跌到1 664点才见底反弹，在下跌途中，很多建立起价值投资理念的投资人，都在手中的股票套牢后产生了对成长型投资的怀疑。也有很多朋友一直在问我，为什么我坚持成长型投资的结果却是套牢呢？最近我手中持有的股票会解套吗？

在成熟的资本市场里，什么才是真正的成长型投资？什么样的股票具有持续成长的价值？什么样的股票短期被"错杀"以后，你若坚决持有下去最后不但会解套，而且还会10年上涨10倍？

为什么有些股票会退市而有些股票却可以10年上涨10倍呢？秘密就在于成长性。你买进股票就是在投资，不管你持有一天还

是 10 年，都是在投资，投资于资本市场并不等同于投资现货市场，也不是在买衣服，因此，你买进股票就是在投资上市公司的未来。

什么样的企业有未来呢？是那些高成长性公司。怎样才能发现高成长性公司呢？发现这些有未来的公司有什么规律吗？答案就在本书中。作者路易斯·纳维里尔被《纽约时报》尊称为"成长股投资者的偶像"，他根据自己长期积累的经验，将发现高成长性股票的经验总结成了为实践所验证的指标。

在这些指标中，一部分是最基础的经济指标，比如说销售增长率和现金流；另一部分则是高度量化的指标，这些指标并不复杂，都非常简单、易用。当然更重要的是，这些指标除可以让你发现高成长性的股票之外，还可以随时警告你不要购买哪些股票，因为那些股票根本不具有成长性。

这些指标的应用效果怎样呢？运用这些指标能给我们带来巨大收益吗？答案是肯定的。作者路易斯·纳维里尔从 1980 年起就以投资通讯的金融分析师和编辑的身份向投资者提供建议。权威独立简报评级机构 Hulbert 的统计表明，他推荐的股票在过去的 41 年里已经给投资者带来了 5 387.9% 的收益。

你还等什么呢？买一本书，回家慢慢品味！

▉ 作者简介 ▉

世界级成长股投资大师

路易斯·纳维里尔

成长股投资者的偶像
全美最优秀的长期荐股纪录保持者之一

　　路易斯·纳维里尔在美国加州大学读书时就展露了惊人的投资天赋。在一个研究项目中，他受命构造一个模拟标准普尔500指数（S&P500指数）模型。对于一个像他这样痴迷于数字的怪才，这简直就是梦寐以求的事情。结果完全出乎意料，他的模型居然打败了市场，而且大获全胜。发现这个跑赢市场的公式后，纳维里尔继续花费大量时间和精力检测、完善，并验证这个公式。

拥有跑赢市场的最长纪录

1980 年，纳维里尔特地针对个人投资者发行了《MPT 通讯》（ *MPT Review* ）。他的目标很简单：揭开华尔街的神秘与假象，降低个人投资者投资成长股的风险，帮助他们跑赢市场。

随后，《MPT 通讯》更名为《新兴成长》（ *Emerging Growth* ），且一直保持着打败 S&P500 指数的优异业绩。《MPT 通讯》早期的业绩与 S&P500 指数相比是 3∶1。2003 年起，纳维里尔的投资回报率高达 850%，而 S&P500 指数只有 94%，以 9∶1 的比分持续性地完胜市场。

1998 年，纳维里尔发布《蓝筹成长》（ *Blue Chip Growth* ）。与 S&P500 指数 89% 的回报率相比，他的回报率是 237%，以 3∶1 的比分击败市场。

路易斯·纳维里尔提供的投资服务，帮助成千上万的投资者实现了他们的财务自由梦。持续时间最长的一项服务是帮助投资者节税，因此而被归类为买入并持有策略服务。《新兴成长》的投资时限较短，却有助于投资者在小盘股和中盘股中赚取高于市场的利润。

纳维里尔还提供周交易推荐服务，帮助投资者快速赚取利润，以非常快的节奏实现交易和套利。《终极成长》在全球股票市场搜寻即将出现大幅增长的股票，这类股票在市场中只占 0.5% 的份额，却以 25∶1 的比分跑赢 S&P500 指数。

个人投资者的冠军偶像

纳维里尔跑赢市场的选股指标并不是秘密。实际上，任何投资者都可以随时随地、无偿地使用这些指标。在网络上登录他的 Portfolio Grader 股票分级数据库，就可以看到。纳维里尔搜寻成长股的指标，其中包括部分基本指标，比如销售额增长和营业利润率增长，这两个指标可以有力地反映买进压力。

最棒的一点是，Portfolio Grader 数据库每周都用易于理解的字母分级方式解读大量数据。你不需要花费多少时间，就可以免费看到美国股市的 5 000 只股票分级情况，以及纳维里尔提供的买入 / 抛售 / 持有建议。跟学校的成绩单一样，标着 A 字母的股票质地最好，建议买入；标着 F 字母的股票质地最差，建议卖出。

华尔街的领袖人物

华尔街对路易斯·纳维里尔并不陌生。他的基金管理公司 Navellier & Associates 管理着超过 50 亿美元的个人账户和机构账户。

《纽约时报》称他为"成长股投资者的偶像"，还经常征求纳维里尔的专业意见。他经常出现在 CNBC 和福布斯财经新闻的节目上，他的观点经常被《市场观察员》和《彭博新闻》引用。

尽管纳维里尔已经是一名成功的投资者，但他从没有忘记他是石匠的儿子，也很清楚辛勤工作的重要性。他和分析师团队每个周末都撸起袖子，不辞劳苦地在市场上搜寻最好的股票。

寻找新的投资机会

除了传统的股市，纳维里尔还关注新兴投资机会，比如加密货币，他预言美债收益率上升时，所有加密货币也将随之全面回落。

纳维里尔也一直高度关注中国资产。当特斯拉等新能源汽车逐渐走上舞台，纳维里尔曾在 2021 年公开发表言论：中国电动汽车市场发展潜力巨大，他们的技术不逊色于特斯拉，以蔚来为代表的中国车企将超过特斯拉成为中国最大的电动汽车制造商。

▎▎▎ 作者自序 ▎▎▎

独创选股公式，帮你实现财富梦想

用数字说话，靠数字赚钱

这本书居然敢声称能帮你在股市赚钱，是不是有点言过其词？当然，任何一个有投资经验的读者都会有这样的疑问。如果你也这么想，我会说："太棒了！"如果你轻易相信华尔街抛给你的任何一个故事，你永远都不可能从股市里赚到钱。尽管我喜欢开玩笑，经常给出一些可能让你感到滑稽可笑的比喻，但是在这本书的字里行间，我介绍给你的赚钱谋略，绝对不是空穴来风，更不是天方夜谭。

我是路易斯·纳维里尔，一个喜欢用数字说话、靠数字吃饭的人。我喜欢平凡和简单。我已经在股票市场摸爬滚打了 41 年，在这段时间里，帮助投资者取得了 5 387.9% 的投资收益。我到底是怎么做到这一点的呢？**我的秘诀就是投资于健康有力、生机勃勃的成长型企业。**按照沃伦·巴菲特所提倡的价值投资理念，只要能找到难得一见的被低估的股票，投资者就会大赚一笔。而对于那些试图紧跟市场的投资者，指数型投资无疑是他们的首选。在我看来，**以寻找推动经济发展真正动力为宗旨的成长型投资，才是让投资者赚钱的最强大的投资策略。**

坦率地讲，它也是我能有今日成就的根本原因。我的父亲是一名勤勤恳恳的砖石匠，我的出身很卑微。我多年来积累起的财富，则源于我内心固有的工作理念，我之所以能始终坚持这一信念，还要归功于我的父亲。正是这个理念引导我揭开了挑选成长型股票投资的秘诀，并最终改变了我的人生。目前，我和妻子以及孩子，大多数时间住在棕榈滩附近一座漂亮的别墅，而且拥有多部豪华轿车和几架私人飞机，它们经常载上我和我的同事，去约见客户或华尔街的那些家伙。（在这里我并不是炫耀，但我还是不得不承认，我对汽车的确有点着迷。）

不承担额外风险，选中跑赢市场的股票

我是家中最早读大学的孩子，而能进入加州海沃德校区开始自己的大学生活，更是让我的很多同龄人羡慕不已。那时，尽管每个人都知道，就读于加州州立大学，注定将改变人的一生。但我认为，没人能知道这种改变到底会有多大！我的一位金融学教授来自富国银行（Wells Fargo），因此，我才有机会参与一个研究项目。

在这个项目中，我的任务是构造一个模拟 S&P500 指数的模型。

毫无疑问，对一个像我这样痴迷数字的怪人来说，这简直就是一项梦一般的工作。暂时把所有数字抛在一边，全神贯注地思考一个模型，这听起来太简单了，是吧？让我百思不得其解的是，这个项目的结果完全出乎我的意料。最终的结果是，我构造的模型居然打败了市场，而且大获全胜！这个结果绝对令人难以置信。在此之前，我们都知道永远也不可能超越市场。突然之间，我却完成了这个看似不可能的任务。

我承认，这个发现既让我兴奋不已，又让我愤愤不平。我之所以兴奋不已，是因为我发现了一个无数人梦想的投资公式，让我能在不承担额外风险的情况下，找到能战胜市场的股票；而让我愤愤不平的是，那些被我当作偶像的华尔街精英们，居然一直在欺骗我。

在我发现这个打败市场的公式的那天，我就下定决心完成一项使命，帮助那些在华尔街投资公司的淫威下显得形单影孤的个人投资者。尽管我的工作似乎有点过于忙碌，但我感到很充实。我先后创作了四份投资通讯，并定期在全国发表演讲，后来在内华达州的莱诺（Leno）创办了一家基金管理公司，到目前为止，我的公司还算成功。我之所以这么做，唯一的目的就是想帮助个人投资者实现他们的财富梦想。在这本书的字里行间，我唯一的希望就是让你拥有在股市赚钱的知识和工具。

基本面和量化分析，开启赚钱公式

首先，我们将认识这个以寻找成长型股票为主旨并且已经为实践验证的公式。在这个公式中，一部分是最基础的经济指标，比如说销售增长率和现金流，另一部分则是高度量化的指标——它会告诉我们："马上买进这只股票！"你马上就会看到，它也是这个赚钱公式的真正精髓。最重要的是，这个公式还具有不可思议的预警功能，随时提醒我们不要购买哪些股票。

我还创建了一个公司网站，在这个网站上，你可以在线使用我们的专用股评数据库，作为一种互动性工具，该工具对近 5 000 只股票进行评价。因此，在看完这本书的时候，你将会发现，自己完全可以把字里行间感受到的东西运用到现实生活中，马上行动，切莫迟疑！

我希望通过这本书实现我的梦想——帮你走上财富之路。我希望你的财富足以供孩子进入最好的大学，然后尽情享受退休生活，让心目中任何一个期待都美梦成真。

作为一名还算成功的成长型股票投资者，我已经实现了自己的财富之梦。我希望这本书也能带你走上自己的财富之路。

┣┠目 录┠┥

强势
成长股

第 1 章

八大黄金指标，
教你选出强势成长股

如何判断一只股票是否具备强势成长股的特质？在评估股票的时候，应如何调整八大黄金指标的权重？

这些选股指标是如何帮助投资者，躲过极有可能赔本的股票，识别真正赚钱的股票？

The
Little Book
That Makes
You Rich

———— 本杰明·格雷厄姆 ————

证券分析之父

THE LITTLE BOOK THAT MAKES YOU RICH

一方面，安全边际取决于公司未来增长，但未来善变，不易把握；另一方面，安全边际取决于当前股价的高低，这是确定的，是你能把握的。

强势成长股

在电影《音乐之声》（*The Sound of Music*）中，主人公玛丽亚告诉我们，一切应该从头做起，因为"只有这里，才是我们真正的起点"。但是我们研究成长股的赢利能力时应该遵循相反的建议：从结果开始研究。因为真正使一只成长股成为一项伟大的投资，并且随着时间的推移实现 5 倍、10 倍，甚至 20 倍增值的，归根到底还是公司的基本面，即公司能否以越来越高的利润水平销售越来越多的产品或服务？公司能否通过持续创新适应市场变化，并维持自身的领导地位？**真正使一只股票成为成长型投资者的最佳目标的原因是企业以高利润率不断提高产品或服务销售量。**

指标被过度追捧会失效，随市场调整指标权重

多年的亲身经历，促使我最终认识到这样一个不变的事实：在华尔街，变化是永恒的主题。我经常听到有些博学者或哲人宣称，

3

某个神奇指标对挑选优质股票至关重要，比如说市盈率或股价现金流量比。当然，这些神奇指标也有可能马上失宠。多年来的投资研究告诉我，只有一件事是无可置疑的，那就是绝大多数指标的寿命都只有两三年的光景，随后，它们就会失去效力，并不再具有以往的优势。

具有传奇色彩的橄榄球教练比尔·沃尔什（Bill Walsh）和他领导的"旧金山49人"队，也许就是说明这个问题的最佳例证。沃尔什创造的"西海岸式"防守让"旧金山49人"队成为整个联盟最令人生畏的对手，在大联盟中几乎战无不胜。随着时间的推移，其他球队也开始采用这种防守战术，于是，"旧金山49人"队的优势逐渐被削弱，其他很多球队纷纷成为"超级碗"比赛中的新贵。"旧金山49人"队曾拥有辉煌的战绩，一旦丧失原有优势，辉煌注定成为历史。

某些时候，**具有巨大收益潜力的企业可能会成为市场宠儿，在另外一些时候，息税前利润却有可能成为市场的热门参考指标。**当人们开始对某些东西趋之若鹜并且不加选择地去追求时，市场将失去原有的魅力，曲终人散的时刻便会到来。

这种趋势正在变化，因此，我认为有必要按一个以上的关键指标评价股票，而且必须不断调整每个指标在评价过程中的权重。在我和我的团队构建选股模型时，我们曾经对几百个基本指标进行研究，以确定哪些指标对公司股价影响最大。

我们还曾经对哪些因素最受华尔街青睐，哪些因素最能提升或是打压股价进行过专项研究。之后，我们运用这个模型对几千只股票进行筛选，从而找出成长型投资者最青睐的股票。

我发现了 8 个屡试不爽的关键指标，不仅决定股票的表现，而且已经为时间所验证：

1. 正盈利预测调整（positive earnings revisions）：证券分析师认为市场形势将超过预期。

2. 正盈余惊喜（positive earnings surprises）：企业的实际盈余超过证券分析师的预测。

3. 持续的销售额增长（increasing sales growth）：企业产品的销售额持续快速增长。

4. 不断增长的营业利润率（expanding operating margins）：企业的营业利润不断增长。

5. 强大的现金流（strong cash flow）：企业创造自由现金流的能力很强。

6. 盈利增长（earnings growth）：盈利按季度持续增长。

7. 正盈利动量（positive earnings momentum）：收益逐年加速增长。

8. 高权益报酬率（high return on equity）：企业具有较高的总体收益率。

以上这些指标可以准确考核任务是否健康、产品销售情况是否正常、权益回报率是否合理，以及公司是否能维持，甚至提高盈利水平。如果一家公司能在这 8 个关键指标上都获得高分，那么它极有可能具备价格翻 10 倍的成长型股票的全部特征，而这些就是我们需要马上放进投资组合中的股票。

在我们提出的 8 个关键性指标中，**第一个关键指标是正盈利预测调整**。我们所寻找的投资对象，应该是那些被证券分析师做出盈利预测正向调整的股票。泰科（Tyco）、世通（WorldCom）和安然（Enron）的轰然倒下，以及纽约州总检察长艾略特·斯皮策（Eliot Spitzer）对公司不轨行为的讨伐，都使得收益预测这一指标显得越来越重要。

在这个问题上，分析师非常谨慎，因此，如果没有足够的依据，那么他们绝对不会轻易调高企业的盈利预测值。在 2006 年的 90 天之内，一直跟踪股票业绩的分析师却把盈利预测调高了若干倍。

第二个关键指标是正盈余惊喜。该指标衡量华尔街证券分析师共同认可的盈利预测超过或低于实际披露的盈利水平。通过这个指标，我们可以及时寻找收益能力超过证券分析师预测的股票。例如，石油类和能源类股票的实际收益高于分析师的收益预测。频繁暴露的企业丑闻，以及艾略特·斯皮策对证券行业的调查与指控，使大多数证券分析师开始对收益预测采取保守态度。几年以前，他们曾经预测石油销售价格将达到每桶 40 美元。但是，随着石油价格达到并超过 60 美元，股票收益率也开始远远超过预测，很多能源类股票的价格更是直线飙升。

第三个关键指标是持续的销售额增长。该指标的内容就是当季度销售额与上年同期相比增长了多少。销售额增长率非常高的企业，就是理想的长期投资对象。**如果一个企业能在较长时期内保持销售额的持续增长，就说明该企业拥有市场紧缺的产品或服务。**我们所寻找的投资对象，应该是那些销售额年增长率超过 20% 的企业。最近，销售额增长这一指标帮助我们发现了一家名为"汉森自然"（Hansen Natural）的公司。该公司生产的"Monster"牌运动型饮料在市场上极为走俏，公司销售额从 2003 年的 1 亿美元增长到 2006 年的 5 亿美元，年增长率超过 65%。

第四个关键指标是不断增长的营业利润率。营业利润就是扣除工资和管理费用等直接成本后的利润。通过这个指标，我们可以判断该利润率指标是在逐年缩减还是持续增长。在产品或服务供不应求时，公司就可以在不增加成本的同时提高其产品或服务的价格，在这种情况下，公司的营业利润就会相应增加。要说明营业利润是如何增加的，绝佳的例子就是一家名为波特技术（Bolt Technology）的公司。随着石油价格上涨，市场对石油勘探用地震测量设备的需求开始持续走热，这就促使该公司的营业利润率从 2004 年的 8% 增加到 2006 年的 40% 以上。因此，公司股价也从每股 8 美元飞升至 40 美元以上，去除股市自身的影响因素，营业利润率应该是其中最重要的因素之一。

第五个关键指标是强大的现金流。现金流往往是判断企业财务是否健康的最佳指标。如果企业的现金流出量经常超过其现金流入量，那么该公司更有可能在某些节点遭遇流动性危机。有些公司虽然在账面上实现赢利，但随后又把这些利润全部或部分用于资本性支出，那么该公司年终持有的现金量就有可能少于年初时持有的现金量。我们需要衡量公司各季度的自由现金流持有量，并与该公司的总市值进行比较，以判断投资者是否能在任何时点都接受其股价。

第六个关键指标是盈利增长。通过该指标，我们能够寻找到盈利按季度持续增长的企业。该指标通常以每股收益（EPS）表示。

每股收益是公司收益与流通股数的比值。按照收益增长率，如果一家公司的收益按季度持续增长，那么其得分将高于未能实现收益持续增长的公司。也正是出于这个原因，我们才称之为成长型投资。在我们所买进的股票中，大多数都具有收益持续性强势增长的特征。例如，2004 年，DirecTV 集团的股票收益率为每股亏损 21 美分，到了 2006 年，则实现了超过 1 美元的每股收益能力。换算为企业盈亏额，相当于从 3.75 亿美元的亏损变为 10 亿多美元的盈利。这就是成长！

第七个关键指标是正盈利动量。该指标的内容就是收益的逐年增长率。收益逐年加速增长的速度越快，就有可能成为我们投资组合的候选对象。在这个问题上，最有说服力的例子就是史蒂夫·马登公司（Steve Madden），从 2004 年到 2005 年，该公司的收益增长率竟然超过了 61%。这真是一个不可思议的数字！更不可思议的是，他们在随后一年居然创造了年收益增长率 117% 的奇迹！有了这么强劲的表现，股价在 2 年之内从 10 美元上涨到 40 美元，也就算不得什么意外了。

最后一个，同时也不容忽视的一个关键指标是高权益报酬率。权益报酬率是评价企业赢利性的一个指标，具体表示为每股收益与每股权益的比值。该数字越大，企业自身的赢利状况就越好，企业管理层奉献给股东的回报就越高。业内领先企业往往能为投资者带来高的报酬。通过寻找具有较高权益报酬率的股票，我们发现了国际游戏技术公司（International Game Technology）、AES 公司、洛维斯（Loews），以及 First Marblehead[①]这样的明星企业。

①一家特种融资公司，专门为高等教育筹措资金，特别服务于学生贷款。——译者注

为了让你更好地认识这 8 个指标的重要性，我们一同回顾一下，那些在这 8 个指标上均获得最高得分的企业，在过去几年内的表现多么优异。我们发现，在每个指标上均具有最高得分的企业，其股票的市场表现均优越于大盘。

表 1.1 列示了我们所归纳的 8 个指标，以及符合这些标准的企业在股价上超过市场大盘的情况。

表 1.1　在单个指标上得分最高的企业超越大盘的百分比

指　标	3 年来超越大盘的百分比 / %
盈利预测调整	10
盈余惊喜	13
销售额增长	7
营业利润率	61
现金流	59
盈利增长	30
盈利动量	60
权益报酬率	30

综合运用八大指标，提前锁定下只"苹果股票"

我们可以看到，某些指标的预测能力明显优于其他指标。由于我们想判断的仅仅是某只股票超过市场大盘的可能性，因此，只要能满足这些指标，就有很大机会能具有超过市场大盘的收益能力。

我们为什么不选择那些得分最高的指标呢?

尚未进入决赛的"旧金山49人"队,就是我们解释这个问题的最佳例证。由于每个球队都在尝试着采取"西海岸式"针对性的防守战术,因此,这种防守模式的威力也开始大打折扣。在局势已经改变的情况下,如果我们仅仅依赖少数几个指标,就有可能错过真正的绩优股。

我们需要把这8个指标全部纳入到我们的选股模型中,并确定各指标在模型中的基本权重。尽管每个指标在这个模型中的权重可能会随时被调整,但是,在我们寻找那些能为你带来丰厚收益的股票时,必须考虑到每个指标。正是综合考虑这8个指标,我们才发现了像美洲电信(2年内增值超过300%)、苹果公司(2年内增值超过200%),以及汉森自然(3年内增值超过1 000%)这样的超级股票。

此外,它还帮我们躲过了那些极有可能赔本的投资,并让我们卖掉那些基本面已经开始恶化的股票。通过关注这些指标,我们才能在挑选股票时不至于落入凭空猜测的境地。我无法告诉你,哪一家MP3生产商、网球运动鞋公司或纳米技术创业型企业会成为未来的投资大热门,但是依赖于这些指标,确实能帮助我们识别出那些真正赚钱的股票。

在本书中,我将告诉你,在考虑风险和组合管理的前提下,这些指标将怎样让你的财富随着时间的推移而不断增长。我们还将深入探讨每个指标,从而让你认识到它们的真正价值,以及它们怎样影响股票价格。这些关键指标源于我和同事们长期的探索和研究。

无论是牛市还是熊市,正是凭借这些指标,我的投资总能凌驾于市场大盘之上。此外,我还将说明如何运用收益-风险比,判断这些出类拔萃的公司何时会承受强烈的买进压力，从而推动股价进一步攀升。当然，仅仅知道买进的对象和时间远远不够，因此，我还将告诉你，如何判断一只超级股票是否存在变弱的危险，买进压力正在放缓，需要及时出手。

本书还将说明，在利用成长型股票选股公式时，如何通过组合管理技术（portfolio management technology）减少股票投资的系统性风险。在本书里，我甚至还会探讨怎样对成长型投资最大的敌人，同时也是成功投资最大的敌人进行管理——这就是人类的情感：**恐惧和贪婪，往往会让投资者在完全错误的时间做出完全错误的决定**。在每个人都在为某只股票欢呼雀跃的时候，要让你想象买进之后惶恐不安、慌忙抛售的情形，也许并不容易，本书则会让你学会如何通过我的体系做到这一点。

谈到我的投资体系，我还将送给你一件强大的工具，帮助你选择能打败市场的股票，并对你的投资组合进行有效的管理。我在内华达州莱诺市的办公室建立了一个巨大的数据库。该数据库保存了近 5 000 只股票的全部关键数据，以及每天的价格和交易记录。

你可以通过一个专门为本书设立的网站进入该数据库。在这个网站上，你将看到一个基于上述 8 个指标对个别企业进行评价的工具，以及该股票目前在市场上所承受的买进压力。

一旦通过本书认识到这个系统在挑选成长型股票的巨大作用，你就会意识到，它在帮助我们寻找超级绩优股的方面多么便利。把这种价值连城的工具运用到自己的投资组合中，必将成为我们积累财富的法宝。既然成功就在本页的后面，那么翻开它只是举手之劳。

大师选股箴言

1. 真正使一只成长股成为一项伟大的投资，并且随着时间的推移实现 5 倍、10 倍，甚至 20 倍增值的，归根到底还是公司的基本面。

2. 绝大多数指标的寿命都只有两三年的光景，随后，它们就会失去效力，并不再具有以往的优势。

3. 我认为有必要按一个以上的关键指标评价股票，而且必须不断调整每个指标在评价过程中的权重。

4. 尽管每个指标在这个模型中的权重可能会随时被调整，但是，在我们寻找那些能为你带来丰厚收益的股票时，必须考虑到每个指标。

第 2 章

对自己的钱包负责，
不要听消息买股

华尔街证券分析师喜欢寻找故事，更喜欢大张旗鼓
地讲故事，为什么侧耳倾听并信以为真的投资者最终都
会赔上一笔？

纯粹的量化分析和统计分析，真的可以帮投资者从
色彩缤纷的信息中去伪存真，提前脱险吗？

The
Little Book
That Makes
You Rich

—— **亚当·史密斯** ——

《金钱游戏》作者

THE LITTLE BOOK THAT MAKES YOU RICH

　　我们都参加了一场精彩的派对，根据游戏规则，我们知道在某个时间点，黑衣骑士会现身，杀死狂欢的人。早点离开的人也许会获救，但因为音乐和红酒非常诱人，我们流连忘返。不过我们会问：现在几点了？却没有一个时钟在正常运转。

强势成长股

按照传统的投资方式和证券分析模式，证券分析师首先需要拜访企业的管理层、顾客和供应商，然后建立复杂的模型，据以测算企业未来的财务状况和经营成果。证券分析师每天都要把大量的时间花费在电话和会议上，他们的唯一目的是找到股票中的胜利者。这种过程不仅费力不讨好，而且成功率极低。

越动听的故事，你越要谨小慎微

为了让投资者接受自己的选择，这些分析师总是自欺欺人地投身于自己编造的故事之中，笃信自己的预测结果就是市场的未来走向。于是，这些貌似美妙的故事引诱着投资者　步步走向了失败，打败市场注定将是一场永远无法实现的美梦，而赔钱则成了不可避免的现实。

打发晚间闲暇时光的最好办法，就是和朋友坐在一起，边喝酒，边听故事，其乐融融。如果用这样的方式为自己挑选股票，那就有点对自己的钱包不负责任了。从长期看，它也许会让你赔上一大笔钱，在某些情况下，短期内就会让你赔得一干二净。不过，华尔街的证券分析师确实喜欢寻找故事，更喜欢大张旗鼓地讲故事，因为这就是他们挣钱的基础。20 世纪 60 年代末，他们的主题是联合企业，于是，那些侧耳倾听并信以为真的人实实在在地赔了一笔。20 世纪 80 年代初，故事的焦点转移到石油、天然气和不动产，信以为真的投资者又赔了一笔。到了 20 世纪 90 年代末，他们的关键词又变成技术和互联网革命造就的范式转变，同样，轻信者仍然没有逃脱赔钱的宿命。这些投资故事越有诱惑力、越吸引人，投资者就越容易陷入海市蜃楼，走进一场永无止境的梦魇。因此，越动听的故事，我们就越要谨小慎微。

我们的祖先认为，我们今天所知晓的一切都是彻底错误的。人类似乎一定要为自己的世界以及这个世界里所发生的一切杜撰借口。于是，人们把农作物歉收归咎于上天的迁怒；牲口丢失，则是因为有些人没有用合适的动物祭祀山底下的巨人。

时至今日，我们知道，农作物歉收是因为过度种植和土地贫瘠，而牲口丢失则是因为自然界中现实存在的掠食者，比如豺狼。这就是现实：在缺少科学依据的条件下，我们会按自己的意图为这个世界寻找理由，而这种把缘由诉诸魔幻和超自然的故事，每天都在华尔街上无休止地演绎着。

我们经常会听到分析师这样说："股票本来应该很有希望上涨，但因为价格形态向上突破的失败，导致股价一落千丈。"或是："移动平均值在本应反转时出现下滑。"更让人不可理喻的是，我们

甚至会听到这样的说法："这些专利本应予以批准，但顽固守旧的
FDA 对 2 000 名新药试验对象无法解释的死亡纠缠不休。"当心：
股价形态的破败或移动平均值的下降，并不会导致股价下跌，企业
也不会因为 FDA 而遭遇财务问题。在所有这些事例中，都存在着
一种与科学分析相违背的思维模式。

跳出虚幻故事诀窍，客观分析现实数据

我是一个长年和数字打交道的人。数字和股票是我生命中的两
大嗜好，幸运的是，我总是能把它们和我的选股职业结合在一起，
并让我的事业成功。我相信，成功的关键就在于数字帮助我们找到
具有巨大增长潜力的股票，同时又规避了空中楼阁般的故事和毫无
意义的鬼话。

沉迷于故事让投资者对股票和市场的狂热笃信不已，甚至在热
潮散尽时依然沉醉不醒。正是这种纯粹以数字为基础的方法，才
促使我们在 2000 年 12 月卖出了思科（Cisco）和太阳微系统（Sun
Microsystems）这样的股票，并开始买进未曾涉足技术泡沫的洛维
斯（Loews）和联合医疗（United Healthcare）。那些沉迷于技术股
天方夜谭的人，在盛宴结束之后还恋恋不舍，这最终让他们付出了
惨重代价。同样是纯粹的量化分析和统计分析，引导我们于 2002
年投资房地产行业，从那时起，房地产市场在几年内连创新高，这
又引导我们投资住宅业。

整个社会越来越深刻地认识到，数字和数学往往最有说服力，
也最有意义。其意义在于，真正的答案不同于所谓的魔力和梦幻，

它们来源于对现实数据的科学分析。从主观角度分析问题，可以让我们用自己的观点、希望和梦想来渲染不够美好的现实，而这样的观念自然也会受到外界的影响。不可否认的是，每天我们都被不计其数的主观性信息所包围。我们究竟应该怎样从这些色彩缤纷的信息中去伪存真呢？根本就不可能！

在《眨眼之间》（*Blink*）一书中，作者马尔科姆·格拉德威尔（Malcolm Gladwell）举了一个极富说服力的例子：

> 通过一个简单的新数学算式，帮助医生迅速、正确地判断患者是否有心脏病。
>
> 研究人员发现，医生掌握着足够的信息做出这种判断，并在此基础上加以提炼，归纳为一个简单的公式，借此缩短诊断过程，提高诊断效率，从而达到治病救人的目的。

统计和量化分析还可以延伸到其他领域。尽管我喜欢和朋友、同事谈论体育，但我的出发点和大多数人不一样，因为我更倾向于判断和分析，而不会青睐于某支球队或某个球员。我经常这样说，如果让我管理一支棒球队，那么我打算尝试一下用数字管理。我会按关键性统计数据对球员排名，并选择那些综合排名最高的队员。在篮球场上，我们对很多超级投手如数家珍。艾伦·艾弗森（Allan Iverson）和活塞队的皮特·马拉维奇（Pete Maravich）就是两个典型的例子。

尽管他们得分易如反掌，但从没获得过NBA的冠军。当科比·布莱恩特（Kobe Bryant）专注于得分，而沙克·奥尼尔（Shaquille

O'Neal）奋力争抢篮板球的时候，湖人队便成为一支不可打败的球队。因此，成功来自天才之间的相互配合——抢断、助攻、篮板球、盖帽和罚篮，**只有这些各具特长的球员融为一体时，才能造就一支伟大的球队**。

我想说明的是，尽管我发明的统计方法最初是针对球队管理，但有些人让我大开眼界。在畅销书《点球成金》（*Moneyball*）中，迈克尔·刘易斯（Michael Lewis）为我们讲述了奥克兰运动家队（Oakland athletics）总经理比利·比恩（Billy Beane）的故事。

在诸多球队的总经理中，比恩一直被大家视为最具变革性思维的人，他敢于对传统思维提出挑战，并利用数字组建自己的球队。这对那些坚信只有依靠天才才能成功的人而言显然是一种侮辱。在他们看来，数字不可能造就一支无往而不胜的队伍，只有行家才能。比恩却构造了一个衡量队员技术统计数据和薪金的公式。

利用这些数字，比恩把奥克兰运动家队变成了棒球比赛中获胜率最高的球队之一，但工资费用却只相当于纽约扬基和红袜队的一小部分。同时，球队的收入也颇为可观，在这方面，只有旧金山"巨人"队能与他们一比高低。事实上，两支球队随后都聘请了棒球量化分析专家协助管理球员。

统计和量化分析正在日渐普及。一部名为《数字》（*Numbers*）的电视剧引起了广泛关注。这部电视剧讲述了一位数学天才利用数学模型和统计学知识为 FBI 破案立下奇功。事实上，这种分析方法已经被司法界广泛用于破案，被保险公司用于确定不同地区不同司机的保费费率，赌场甚至用这种分析方法赚取赌徒的钱财。

实际上，当今最流行的游戏就是打扑克牌，在扑克牌游戏中，很多顶尖高手都是数字奇才，他们的制胜法宝就是数字。既然统计思维和量化思维能在生活中的方方面面大显神威，为什么就不能用于股票呢？答案显然是肯定的。**运用数字最重要的一个优点在于它能阻止我们沉醉于虚幻的故事之中。**

仅仅依赖于基本面数字，我们成为为数不多几个能在安然股票上赚到钱的公司。今天，我们都知道了安然的下场，也知道会计欺诈和交易舞弊让他们一路走向破产。但他们忘记的是，安然也曾经是一家无比强大的成长型企业，曾经拥有销售收入和盈利飞速增长的辉煌。

我们的持股期就是他们的成长期，但远在丑闻爆发之前，我们已经金盆洗手，因为数字已经显现出他们日渐虚弱的基本面和与日俱增的风险。尽管我们不能未卜先知，但在坏消息公之于众之前，数字却可以警醒我们问题的存在。

对数字的依赖还让我们逃脱了泰诺医疗公司（Tenet Healthcare）的灾难。

从 20 世纪 90 年代末到 2001 年，泰诺医疗公司为我们勾勒出了一个前途无量的成长故事。他们经营着一连串医院，在美国和欧洲的业务也在高速挺进。

2002 年年底和 2003 年年初，其因行为不当而受到指控，收费过高，以及贿赂医生使用其产品等丑闻接踵而来。在加利福尼亚州的红十字会医院，泰诺医疗公司的医生居然对患者实施不必要的心脏手术！

这便招致了证交会开始对他们的收费制度以及公众

的揭发展开调查。早在出现这些丑闻之前，由于该公司在 2002 年 11 月即已显示出基本面的恶化和波动性的增强，这促使我们及时卖出了他们的股票。从 2001 年至今，泰诺医疗公司的股价已经从 50 多美元狂跌至 7.50 美元！

在华尔街把那些充满潜力的成长型股票变成超级股票之前，数字已经帮助我们发现它们，而在这些股票的光环褪去之前，数字又总能帮我们提前脱险。不过，华尔街叫卖的永远是故事，而我相信的则是数字。我从不相信华尔街的贩卖机，但我信赖我们数据库中的数字，它们是唯一值得信赖的好帮手。

大师选股箴言

1. 华尔街的证券分析师确实喜欢寻找故事，更喜欢大张旗鼓地讲故事，因为这就是他们挣钱的基础。

2. 成功的关键就在于数字帮助我们找到具有巨大增长潜力的股票，同时又规避了空中楼阁般的故事和毫无意义的鬼话。

3. 仅仅依赖于基本面数字，我们成为为数不多几个能在安然股票上赚到钱的公司。

第 3 章

控制个人情绪，
牛市和熊市都可以赚钱

为什么投资者即使知道要寻找并义无反顾地站在强势股一边，但明知买错股，仍没有割肉的勇气？

"赌徒谬误"、"后视偏差"和"自利性偏差"是容易导致亏损的情绪和心理误区，投资者应如何克服它们？

——— 汉诺·贝克 ———

《逆向投资心理学》作者

THE LITTLE BOOK THAT MAKES YOU RICH

我们错上加错，只是因为想避免损失，因为不愿承认自己犯了错。只要继续坚持我们原有的计划，我们就会让自己产生幻觉，觉得我们没有做错什么事。

强势成长股

通过热门歌曲《情感救赎》，滚石乐队告诉自己的歌迷，这首歌曲是他们对一名失恋少女的情感救赎。如同滚石乐队能用一首歌曲来拯救失恋少女那颗破碎的心灵一样，数字也能拯救投资者。

多年以来，我已经从多方面感受到数字对投资者所具有的价值。其中最重要的就是，**数字没有感情，它们永远也不会惊慌失措，永远也不会贪得无厌**。它们更不会因为与配偶或同事争论不休而做出错误的决策。

数字可以真正做到不以物喜，不以己悲，数字不会在顺心时思维敏捷，而一夜之间就会变得思路混乱，做出糟糕透顶的决策；更不会关心隔壁的佛瑞德大叔到底挑选了哪只股票，或是邻居家的侄女因购买捐赠癌症治疗基金而成了百万富婆。要知道，人类总是被身边的琐事所左右。

尽管某些人在控制情感、保持思维冷静方面确实有过人之处，但任何人都不可能成为机器人，尤其是在股市里，个人的情感因素往往凌驾于理性决策之上。

大盘持续上涨 4 天，明天还会涨吗？

虽然依靠数字说话让人觉得有点冷漠，但是，在股票市场上，我发现，完全依赖数字所包含的信息，让我避免做出情绪化决策。有一种新的学科就是专门研究投资者的情感失误问题，我们称为行为金融学（behavioral finance）。在我们了解数字及其含义，以及如何使用数字之前，我认为有必要先探讨一下投资中的某些共同误区，以便你能够在决策过程中尽量避免犯下这些错误。虽然这样做很可能会让你在投资过程中显得有点怪异，但是，你在变得越来越令人讨厌的同时，注定也会变得越来越富有。

最恶劣同时也是最常见的感情误区，就是所谓"赌徒谬误"（gambler's fallacy）。也就是说，人们总习惯于自以为是地认为，在连续 5 次抛掷硬币的时候，如果每次都是正面朝上，那么第 6 次更有可能是背面朝上。这样的猜测却是彻底错误的。事实上，第 6 次任何一面朝上的概率和前 5 次不可能会有任何区别：都是 50%。每一次抛硬币的结果都是相互独立的，相互之间不存在任何影响，根本就不存在背面一定要向上的理由。因此，市场在过去几天里的上涨或下跌，绝对不能说明：它在未来几天一定会有怎样的倾向。

日复一日，市场都在随机游走着，任何变化都是不可预测的，某一天的价格也许有可能受到当天特定事件的影响，但绝对不会受制于近期交易的影响。尽管如此，我还是经常听到投资者这样说：
"不可能继续下跌了。"这只不过是投资者的一厢情愿。但我们依然
会如此设想：为什么不能呢？这完全是有可能的，而且一旦如此，
你的钱也将随风而去。

在过去的 20 年里，尽管我只是偶尔住在内华达州（因为我的
办公室在莱诺市），但是我从来不赌博，这或许多少会让你感到意
外。作为一个酷爱数字、每天都和数字打交道的人，我应该更擅长
在概率中把握机会，因此，也不应该浪费这样的机会。虽然我也
知道怎样在玩 21 点牌时"数牌"，而且还知道在洗牌时如何作弊，
但是这种赌博在内华达州是违法的，况且我也不愿意让自己的名字
出现在赌博黑名单上，因此，我极少光顾赌场。

在莱诺市的国际游戏技术公司，那些生产各式各样赌博机的家
伙绝对是天才，总能发明出让赌徒们欲罢不能的机器，靓丽的色
泽、悦耳的音调，再加上与日俱增的累积奖金，对赌徒们实在具有
无法抵挡的魔力。就像研究如何引诱鸽子和老鼠的心理学家 B.F. 斯
金纳（B.F.Skinner）一样，IGT 的这帮家伙绝对是引诱人类的高手。
在这一点上股票市场绝对比赌场更能诱惑人。

**投资者最严重的劣性之一，就是倾向于过早卖掉表现优良的
股票，然后抓住表现欠佳的股票不撒手。"只要赚钱就不会破产"**
这样的老话，扼杀的投资组合恐怕比匈奴大帝杀死的罗马人还多。
当手中赢利股票只能给你带来 5%～10% 的回报，而赔钱的股票却
一直让你承受巨大损失的时候，如果你依然坚信一定能翻盘赢回来
的话，最终必将赔得更凄惨。

在股市的历史上，最杰出的投资者在选股时能达到 70% 左右

的准确率。尽管我怀疑是否能达到这么高的准确率，但为了更好地说明这个问题，我们还是采用最高的数字。现在，方案一，假设你的投资组合总额为 10 万美元。如果赢利股票的回报率为 5% 的话，你的收益将是 3 500 美元。当你因股票赔钱而不愿放手，直到亏损率达到 20% 时，就会给你带来 6 000 美元的亏损。最终的结果是，虽然你挑选了最好的股票，但每年都面对赔钱的现实！

方案二，我们再做一个相反的假设。比如说，在你挑选的股票中，30% 赢利股票的年回报率为 50%。也就是说，每年可以带来 15 000 万美元的利润。同时，如果你能把亏损股票的亏损率限制在 5% 以内，那么这些股票的年亏损额就是 3 500 美元。因此，最终的结果将是 1.15 万美元的净利润！尽管这个例子有点极端，**卖掉差股票，留住好股票，确实可以让你避免利润丧失，避免投资组合变得一文不值的惨境。**

过早卖掉优势股票的另一个问题，就是让你的投资组合风险更大。我姑且称之为"坠入情网"。因为我们所关注的，就是通过具有强势基本面的股票，构建一个充分多样化的投资组合，并且能通过我们的收益-风险比。因此，我们所持有那些未来最赚钱的股票。在经过若干月，甚至是几年之后，在我们的投资组合中，股票升值 100%、200%，甚至是 300%，绝对不是什么不寻常的事。但就像旧约《传道书》（*Ecclesiastes*）时时提醒我们的那样，**一切事情都有它的时机，抛售股票也是如此。** 我们的分析表明，企业基本面开始恶化、股票开始变得危险的时候，也就到了该脱手的时机。但是，那些一直在某只股票上驾轻就熟、一帆风顺的投资者，又怎么舍得卖掉它呢？

尽管我们曾经在各种能源类股票上取得过丰厚利润，随着这些股票的基本面及量化指标趋于恶化，我们还是从系统操作的角度抛出这些股票。由于石油及能源类股票的风险过于集中，我们从2005 年年底开始撤出对此类股票的投资。到 2007 年，越来越不稳定的收益，以及日渐增加的波动性都证明抛售股票的决策是正确的。某些投资者和客户却告诉我，他们并不想卖掉这些股票，因为石油需求将永远增长下去，石油的价格将永远增长下去，因为石油类股票的价格将永远上涨，因为他们不想纳税，因为这是他们最心爱的股票。

他们的反对表明他们对股票产生了不应有的感情。你可以爱上你的股票，但股票永远也不可能给你任何爱的回报。当股票风险太大的时候，你的唯一选择就是卖掉它们，纵然这些股票曾经给你带来过财富。

选择优质股票仅仅是战斗的一半。**在必要的情况下，你需要忍痛割爱，通过及时出手实现利润，然后再买进更优质的股票，或是斩钉截铁，及时止损，避免遭受更大的损失。**图 3.1 就很好地说明了这一点。

我们在 2003 年开始买进 eBay 的股票，当时的 eBay 总是让证券分析师纷纷失算，他们的收益预测似乎总是跟不上 eBay 的前进步伐，因此，他们几乎每天都要调高对 eBay 的收益预测。尽管我们在这只股票上一直赢利颇丰，但股票渐渐变得越来越不稳定、越来越危险，最终我通过投资通讯建议投资者立即抛售 eBay 的股票。和 2006 年的石油及能源类股票一样，我们同样也看到了类似的"坠入情网"症状，他们根本就舍不得脱手股票。你也许会意识到，这些投资者也许一直钟爱 eBay，但 eBay 的股票不会因此而回报投资者。2006 年 8 月，eBay 的股票价格跌破发行价格。

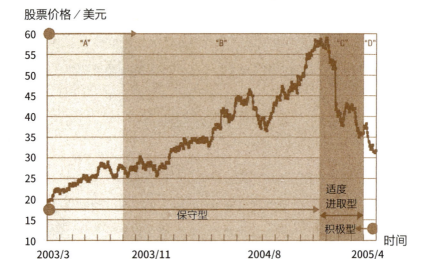

图 3.1　eBay 股票的寿命周期（2003—2005 年）

毫无疑问，任何投资都不应该成为一种轮回游戏，否则，投资就失去意义。当股价回落到买进价的时候，你根本就没必要忍受这种痛苦，坐以待毙。这种痛苦的教训使我们认识到残酷无情的数字多么宝贵。

我们知道泡沫终将破裂，为何却不愿撒手？

另一个严重的情感及心理误区，则是行为科学家所说的"后视偏差"（hindsight bias）。回顾历史，我们可以告诉自己，对于某些事情，我们完全有能力做到未卜先知。2001 年的互联网泡沫就是一个典型例子。今天，每个人都声称自己当初已经预见到这一天的到来。他们知道，市场已经达到不可维持的高点，泡沫行将破裂，所有高风险投资者和短线交易者将赔得精光。既然每个人都声称自己能未卜先知，为什么还会让自己赔得一无所有呢？尽管几乎没有人愿意承认，也没有人愿意相信他们紧紧抓住这些曾经大跌的股票，不愿撒手，最终在股市彻底崩溃的时候一赔到底。事实表明，在这段时间里，几百万股民的累计损失高达数十亿美元。

虽然大多数人并不承认这一天已经到来，但数字的力量是我们不可否认的。由于技术股的波动日趋激烈，风险与日俱增，基于对基本面和量化因素的判断，我们开始卖出这些股票，并投资于规模更大、经营更稳定的公司。

此外，投资者还很容易成为沃伦·巴菲特所称"后视镜效应"（rearview-mirror effect）的牺牲者。我们总是倾向于受近期事件的影响，而忽视当前正在发生的现实。

随着市场日渐走强，个人投资者以及机构投资者开始越来越乐观，他们对市场的预期也日益高涨；相反，在市场抛售延续一段时间之后，投资者越来越不愿意买进股票。这种交易行为一直是股市的主流。1987 年 8 月，纽约证券交易所创造了历史上的单月最高交易量。这种交易量强势增长的趋势并未就此罢休，我们在 2000 年目睹了新的历史交易量。

2000 年 9 月，在创造了新的单月最高交易量纪录之后，股市迎来了连续几年的大跌，股票市场承受着空前的卖压。事实上，在市场经历了大跌之后，其交易量持续萎缩到最高点时的一半。正如我们在抛掷硬币的例子中所看到的，市场不能仅停留在过去，还要面向未来。

依赖后见之明很可能会带来灾难性结果。2002 年，当投资者惊恐失措而缩减投资的时候，我们则依赖于数字和量化研究带来的启示，开始大量买进。2003 年，网络股票泡沫已破灭两年，巴格达的战事尘埃落定、利率大幅削减，以及免除红利税提案行将在全国实施的时候，投资者才最终把恐惧抛在脑后，大张旗鼓地买进我们依据量化分析已经选择的股票。

我们总是难免要受到情感和心理偏见的左右。某些思维模式似乎在出生时就已经在我们的头脑中根深蒂固。我们也总是喜欢人云亦云，永远也不可能摆脱我们所生存的社会环境。当别人被市场折磨得伤痕累累时，我们自己也无法幸免。

我们都有这样一种倾向，即都认为自己比其他人聪明。很多研究都会提到这样一个例子：在对一个班级全体学生进行的调查中，80% 的学生认为自己的成绩应该排在前 50%。

在投资领域，如果你问一位基金经理，也就是那些非指数化基金的经理，他们的投资业绩是否能超过市场大盘，他们肯定会斩钉截铁地回答你："当然。"不管他们总是声称自己有多么出类拔萃，还是在投资领域无所不能，我们都知道，在任何一个既定年份，只有不到一半的基金经理能超过市场大盘，而且随着周期的延长，这一数字还将进一步减小。我们还喜欢通过别人的嘴，尤其是所谓的专家，来验证自己的观点。我们都会不遗余力地搜寻那些支持自身观点的信息、数据和分析。如果想把这些偏见放大成现实，那么只需要告诉那些对股价更悲观失望的人。

因为他们最擅长把那些和自己同样悲观、失望的专栏作家所说过的每一句话当成至理名言，至于用表格、图形和幻灯片告诉大家何以如此，更是他们的拿手好戏。每个人都有自己的主张，但这些主张都需要由别人来予以验证。他们对任何与此相悖的证据都视而不见、置若罔闻。

第一次交易赚到钱，并不见得是好事

我们还习惯于把成功归功于自己，把失败归咎于外部影响。我们挑选的股票之所以能上涨，是因为我们凭借自己的聪明和智慧做出的正确决策。当我们挑选的股票下跌时，归因于经济形势的恶化、美联储的不理性、愚蠢的经纪人或那些糟糕透顶的对冲基金，是它们做错了事。

因为我们根本就不会犯下这样的错误。在我的公司里，大家把这称为"大脑的牛市"（bull markets for brains，意为盲目的乐观）。对于这种人皆有之的特性，最具危害性的副作用，就是在我们因糟糕决策而意外得到好结局的时候，我们会误认为自己的决策是正确的，并按同样的方式做下一个决策。当我们重复同样的事情，往往会得到更糟糕的结局。因为我们损失的，已经不仅仅是金钱，还有时间，其实我们本可以把时间用于改善投资组合。

我有一位从事期权交易的朋友曾经指出，对一个初涉期权的交易商来说，最糟糕的事情莫过于第一次交易就赚到了钱。因为这往往会让他感到飘飘然，忘乎所以地认为，自己已经掌握了所有应该掌握的东西，实际上，更大的损失已经在等待他了。正因为如此，一个失败的策略可以让投资者赚一次钱，但下一次或许就会让他彻底破产，尤其是他的第一次成功完全建立在偶然的运气和不太成功的决策基础之上。所有这些特性和偏见都是我们人类所无法避免的。一旦把这些偏见带到股票市场，就有可能给你带来不可估量的损失，让你的财富不翼而飞。我不知道该怎样遏制人的这些劣根性，我相信你也未必知道。

我唯一知道的就是我自己也有可能被外界的传说所迷惑，在空穴来风的怡然自得中迷失自己，或是对自己的一厢情愿笃信不已，甚至随波逐流，人云亦云。正因为这样，在涉足股票投资的时候，我才想方设法地避开这些偏见，转而依赖于数字。

大师选股箴言

1. 某一天的价格也许有可能受到当天特定事件的影响，但绝对不会受制于近期交易的影响。

2. 投资者最严重的劣性之一，就是倾向于过早卖掉表现优良的股票，然后抓住表现欠佳的股票不撒手。

3. 过早卖掉优势股票的另一个问题，就是让你的投资组合风险更大。

4. 在必要的情况下，你需要忍痛割爱，通过及时出手实现利润，然后再买进更优质的股票，或是斩钉截铁，及时止损，避免遭受更大的损失。

5. 我们总是倾向于受近期事件的影响，而忽视当前正在发生的现实。

6. 对一个初涉期权的交易商来说，最糟糕的事情莫过于第一次交易就赚到了钱。

强势
成长股

THE LITTLE BOOK
THAT MAKES YOU RICH

第 4 章

盈利预测调整：
股价还算便宜就及时买进

外表光鲜亮丽的证券分析师，为什么对企业的盈利预测都会采取保守态度，这对他们有哪些好处？

盈利预测也会被人为控制，向外界展现一个虚假繁荣的假象，或者过于依赖提高商品价格实现收益增长，这会给投资者的决策带来什么风险？

The
Little Book
That Makes
You Rich

—— 菲利普·A. 费雪 ——

成长股投资策略之父

THE LITTLE BOOK THAT MAKES YOU RICH

　　股票投资，难免有些地方需要靠运气，但长期而言，好运、倒霉会相抵，想要持续成功，必须靠技能和良好的原则。

强势成长股

这里，我们再近距离看看上文提到的 8 个关键指标。多年的从业经历告诉我，它们是成长型投资者战无不胜的依据，也是成长型投资者成功的必备特征。

在这 8 个指标中，第一个就是正盈利预测调整。

证券分析师为了保住饭碗，盈利预测趋于保守

在华尔街做一名证券分析师，确实是一份相当不错的工作。他们四处游历，拜访企业，约见企业高管，撰写分析报告，以及游说大型投资者。薪水非常可观，也许你经常需要加班加点，也许你要承受很多压力。

有一间优雅舒适的办公室，在曼哈顿市中心拥有一所公寓，这样的感受肯定会不同于在大街上到处游荡的挖掘工。假如能在华尔街谋得一份差事，那么我每天最关心的事就是一定保证不要因为工

作太糟糕而被解雇。我一直认为，保住饭碗，不被解雇，是每个证券分析师的首要目标。

显然，保住饭碗的最好办法就是不犯错误。无论是在华尔街，还是在世界的其他地方，证券分析师提出的季度盈利预测都是最受关注的数字。如果有分析师能准确预测出这个数字，他就能得到为数可观的奖金，更有机会进入《机构投资者》（Institutional Investor）杂志评选的"全明星"分析师名单。进入这个名单，不仅意味着他们可以凭借这份荣誉，在退休之前高枕无忧。更重要的是，他们的薪水会更上一层楼。

我们心里要清楚，分析师发布的盈利预测或者说收益估计，即使再准确，但预测毕竟是预测，永远也不可能替代现实。即使是最优秀的分析师，也会犯错误。正如我们之前说过的那样，如果分析师的预测太高，导致公司公布的盈利低于预测值，公司股票的价格就极有可能下跌。如果分析师的盈利预测值太低，而公司实际盈利水平高于预测，这就相当于制造了一条利好消息，股价往往会向上攀升。因此这里的秘诀在于：**如果你的预测总有出错的风险，那么宁愿它低，也不要太高。**

如果盈利预测趋于保守，而股票又配合着上涨的话，也许任何人都不会被炒鱿鱼。如果经常做出过高预测，你就很有可能被驱逐出这个行业。到了那时，你最好的选择也许就是找一家会计师事务所混口饭吃，而不是奢望在曼哈顿市中心过上衣食无忧的生活。

正是出于这个完全自利性的原因，除非有极具说服力的证据表明企业经营情况肯定好于预期，否则，证券分析师绝对不愿提高盈利预测。过高的盈利预测很容易让自己丢掉饭碗，因此，只有在未来形势一片大好、分析师对牛市迹象确信无疑的情况下，他们才会提高盈利预测。

这样说对分析师似乎有点不公平，因为除维护自身利益之外，证券分析师在预测盈利时采取保守态度是另有原因的。自 2001 年互联网泡沫破裂之后，诸多政府管制和法律因素开始影响到证券分析师的盈利预测。

首先是《公平披露规则》。通过这项规则的目的，就是防止个别证券分析师或投资者凭借其特殊地位获取其他大多数人无法得到的公司信息。由于公司仅向少数人透露企业秘密，而不是向所有人公平披露，因此，公司变得越来越守口如瓶，导致信息披露无法达到证交会通过这些法规之前的数量。在实施《公平披露规则》之后，由于掌握的信息越来越少，因此，证券分析师所做的盈利预测的精确性也越来越低。

分析师都知道，他们掌握的信息正在减少，在没有强有力的证据支持下，他们必定不愿意提高盈利预测。2002 年通过的《萨班斯-奥克利法案》的影响同样不可忽视。该法案促使企业在记载和发布信息时，必须采取更规范、更严格的方式，一旦违反规定，就会受到严厉处罚。这进一步减少了华尔街所能得到的信息量。

由于信息披露受到严格限制，因此，分析师们在提高下季度盈利预测时也开始感到心有余悸。此时，他们已经无法再像过去那样，通过请客送礼、吃喝玩乐来游说公司内部人员，以此事先获得利好消息。以前司空见惯的做法，到了现在，却成了走向联邦监狱的捷径。

今天的证券分析师对提高季度盈利预测非常谨慎。在预测过高的情况下，一旦股价下跌，分析师就会失业；而预测太低，即使股价上涨，也没人会在乎他的错误。要提高盈利预测，就必须以针对公司及其股票的大量利好证据为依托。正如我们所讨论的那样，**股票价格取决于公司的盈利水平，以及市场的盈利预期。**

如果盈利预期上升，股票就值更多的钱，进而推动股价上涨，以反应价值提高这一事实。盈利预测上调不仅是短期性的利好消息，而且对未来也存在着积极意义。请记住，任何分析师都不希望自己的盈利预测太高。

他们根本不可能做出过高的预测，因为那样的话，一旦股价下跌，他们就会把自己置于进退两难的境地。如果分析师认为一家公司下季度的每股收益能提高 25 美分，那么他的盈利预测定位在 15 美分左右，从而给自己留下一个喘息的余地，这样做不是更好吗？这么做显然比过分暴露自己的乐观估计要稳重得多。

盈利预测弊端：人为控制、依赖提高商品价格

上调盈利预测具有长期积极作用的另一个原因在于，经济本身就存在着这样的周期性。一旦大势走高，销售额和盈利就会不可阻挡地快速上涨，并且会持续一段时间。这两个因素相互结合，便会无可置疑地告诉我们：**当分析师上调盈利预测的时候，就极有可能说明，形势已经基本明朗，可预见的趋势已经在既定轨道上行进。**

一旦提高盈利预测，共同基金和对冲基金的所有机构投资者便会对市场消息做出反应。在颁布《公平披露规则》之前，那些佣金最高的分析师总能先探得风声，进而在大批投资者蜂拥而入之前囤

积居奇。那样的光景早已经一去不复返了。**所有买进方都需要通过特定的估价模型，对股票做出估值。如果新数据表明股票具有更高的价值，他们就会在股价尚算便宜时及时买进。**由于这些基金所拥有的资金数量非常巨大，因此，要达到预定的持股比例，根本就不需要几天的时间。这样，他们就可以凭借控制权推动股价进一步上涨。股价的上涨又必然会招致其他投资者跟进，比如那些以买进趋向新高的股票为乐趣的动量型投资者，他们的嗜好就是在一路上扬的股价中乘风破浪。

收益预测调整也存在着两个潜在弊端。首先是会计舞弊问题。虽然这一点比起 20 世纪 90 年代末期已经有所收敛，但这些问题自始至终都存在。企业已经习惯于选择性地向证券分析师披露信息，这样，它们就可以向外界展现出一个虚假繁荣的景象。我们将在后文深入探讨这个问题，但有一点需非常警惕，那就是：这必然会导致某些分析师对并非美好的企业做出美好的预期。

另一个弊端则表现为某些完全靠提高价格实现收益增长的商品型企业。尽管某些商品价格可能会快速上涨，但也有可能会快速下跌，从而导致收益预测下跌速度甚至高于上升速度。这也是促使我们在选股模型中采用 8 个指标的原因之一。在收益受到人为控制或是增长完全依赖于商品价格的情况下，其他指标可以为我们认识其中的本质提供更好的切入点。

尽管某些投资者和基金经理可以完全依靠收益调整进行交易，但我更喜欢通过比较理想情况与提高盈利预测之间的关系，降低自己的投资风险。

在过去的几年里，我们已经通过持有的部分石油类股票，深切体会到证券分析师上调盈利预测的巨大威力。同时，这种上调预测的行为对他们而言也是极为谨慎的。世界上的每一名证券分析师都在一如既往地遵循着保守本性，在 2005 年的石油股票定价模型中，他们无不采用了每桶 30 美元的价格。

我们也进入了一个大张旗鼓买进股票的年份，拥有了大量的石油及石油服务类股票。随着油价上涨到每桶 40 美元、50 美元、60 美元，证券分析师也一直在手忙脚乱地上调盈利预测。曾经有一段时间，他们似乎每天都在提高盈利预测。

我们的投资组合中就已经包括了帝国石油有限公司（Imperial Oil Ltd）、康菲石油公司（Conoco Phillips）、加拿大桑科能源公司（Suncor）以及费莱罗能源公司（Valero）这样的股票。2007 年初，我最钟爱的成长型股票就是美国最大的卫星电视运营商 DirecTV 公司。该公司在高清电视系列节目方面的经营让人感到完美无瑕，而且他们在某些体育系列节目方面还拥有一定程度的垄断权。

证券分析师却一直低估了观众在家庭收视多样性方面无止境的追求，以至于他们唯一能做的，就是不断上调收益预测。2006 年末，证券分析师的盈利预测仅仅在 90 天内就翻了一番，促使该股票的价格不可思议地上涨了 30%。从一开始，证券分析师的盈利预测调整，就一直是我们选股模型的基本组成部分，还将继续成为目前这个系统中更重要、更强大的指标。

大师选股箴言

1. 保住饭碗，不被解雇，是每个证券分析师的首要目标。

2. 即使是最优秀的分析师，也会犯错误。

3. 当分析师上调盈利预测的时候，就极有可能说明，形势已经基本明朗，可预见的趋势已经在既定轨道上行进。

4. 企业已经习惯于选择性地向证券分析师披露信息，这样，它们就可以向外界展现出一个虚假繁荣的景象。

强势
成长股

THE LITTLE BOOK
THAT MAKES YOU RICH

第 5 章

正盈余惊喜：
企业盈利大超预期

　　一旦市场某只股票出现正盈余惊喜，股价就会直线
飙升，为什么市场参与者都会具有这种普遍的乐观预期？

　　为什么说正盈余惊喜具有延续性，一旦超市场预期，
往往会持续几个季度？

—— 杰西·C.斯泰恩 ——

《100 倍超级强势股》作者

THE LITTLE BOOK THAT MAKES YOU RICH

所谓"风险"就是投资微软这样的大盘股，它们在任何时候上涨和下跌 15% 的风险都是各占一半。

强势成长股

　　我们的第二个关键指标是正盈余惊喜。具有正盈余惊喜的股票就是成长型股票世界中的超级明星。

正盈余惊喜是成长型股票中的超级明星

　　正如在美国职业橄榄球联盟（NFL）第 6 轮才被选中的汤姆·布雷迪（Tom Brady），不仅带领新英格兰爱国者队三夺超级碗冠军，甚至还两度加冕年度最佳运动员；一直是跑龙套角色的板凳球员托尼·罗莫（Tony Romo），在 2006 年带领达拉斯牛仔队（Dallas Cowboys）重新杀入季后赛。

　　具备正盈余惊喜的股票的上涨远远超过华尔街分析师的预测，上涨速度更是让人目瞪口呆。能连续数个季度超过市场预期的股票自然会成为成长型股票中的超级巨星。那些让投资者大失所望、实际收益能力低于预期的股票，就好比是 2004 年美国奥运会篮球队中的瑞恩·里夫，或是 2006 年冬季奥运会代表队中的高山速降选手伯德·米勒。在让人们倍感失落之后，他们很快从人们的视野中消失。

导致盈余惊喜作用如此强大的部分原因在于，**成长型股票的价格取决于投资者对未来收益的预期**。通常，投资经纪公司、独立经营的投资公司，以及投资银行都会公布分析师对未来的季度盈利预测报告。**因此，证券分析师需要对公司进行深入研究，尽可能准确地预测企业未来的经营状况，并在此基础上，确定企业的未来收益额**。尽管分析师会认真研究经营条件和经济形势，采用复杂的预测模型和公式，他们也不可能知晓企业内部到底会发生什么。

企业的实际收益无论是超过还是低于预测，都需要按季度或年度对未来预测进行相应调节。这就要求调整确定成长型股票价格所依据的投资者预期，在这种情况下，股价自然会相应上升或下跌。

分析师的收益预测之所以会有别于现实，主要出于以下两个方面的原因。

第一，分析师很难把企业每个季度的收益预测精确到小数点后几位。比如说，谁能预测到，汉森自然公司的 Monster 运动饮料能在拥挤不堪的咖啡因和维生素类罐装液体饮料市场中脱颖而出，其收益增长的速度和程度令人始料不及呢？又有谁能想到，苹果公司的 iPod 会在个人音频娱乐设备领域异军突起，并伴随着不尽的利润呢？

第二，投资领域的羊群效应（herd effect）。如果我们认识到很多分析师的首要目标并不是通过成功的预测而实现投资利润，而是不被解雇，那么预测自然会更多地局限于底线，或者说趋于保守。

如果你花费了无数时间和金钱，才拿到常春藤联合会的 MBA 学位，然后借此在华尔街谋得一份收入不菲的差事，你当然也不想轻易丢掉这份工作！

因此，最终的结局似乎演化为这样一种场面：只要大家都犯错，即使你犯了错也没有什么了不起的。假设你是 ABC 证券公司的证券分析师，你的任务就是跟踪 AREC 公司的股票盈利率，因此，你给著名的律师事务所 Dewey-Cheatem-Howe 的同人打个电话，听听她如何看待 AREC 的未来收益走向，显然是明智之举。如果她认为 AREC 将实现每股 1 美元的回报，那么尽可能接近这个数字自然是最稳妥的。在此基础上，如果你对该公司产品的前景更加看好，那么你也许可以提出每股 1.01 美元的盈利预测；否则，你的预测或许是 0.99 美元。

在大多数跟踪盈利预测的金融报纸和网站上，都会及时发布证券分析师针对特定股票做出的盈利预测数据，以及最高值、最低值和平均值。因此，这些数字的接近程度也许会让你感到惊诧不已。群体心理意识迫使分析师相互比较，相互追随，彼此之间的盈利预测必将会相互趋同。

近年来，正盈余惊喜变得越来越重要。在 20 世纪 90 年代末期互联网相关的科技公司股价暴涨期间，人们纷纷把矛头指向证券分析师，指责他们对技术型企业的盈利预测过于乐观，导致盈利预测过度膨胀。在个案中，证券交易委员会委员、纽约州前总检察长艾略特·斯皮策和那些咄咄逼人的地区助理律师们，甚至对他们提出指控。

通常除正式对外披露的盈利预测之外，华尔街还流传着另一类数据，也就是所谓的"非正式预测值"（whisper number，通过华尔街证券交易机构、投资网站及在线聊天室散布的非正式盈利预测值）。数据通常高于正式公布的盈利预测值，在人们心目中，往往反映了分析师的真实预期。在现实中，企业不仅需要超过预测值，还需要超过非正式预测值。当一家公司的真实收益超过这两个数字时，其股价往往会直线飙升。当然，只有大客户才能得到这些预测数据，而且他们在很大程度上依赖于这些数据进行交易。

《萨班斯-奥克利法案》的颁布及华尔街个别知名证券分析师受到指控所造成的重大社会影响，最终促使非正式预测寿终正寝。尤其是《萨班斯-奥克利法案》对证券分析师和公司向公众披露信息的方式、报告的编制及披露方式均做出了明文规定。在颁布此法之后，如果分析师继续向关系密切的客户提供此类非正式预测值，就有可能受到指控、解雇，甚至是高额罚款等处罚。

此法还有可能使公司不愿意向证券分析师提供信息，因此，要做出准确的盈利预测就变得更困难了。这种局面造成的一个结果就是：分析师将对盈利预测采取更保守的态度，在信息有限的情况下，他们极不情愿对预测承担风险，或是提高预测。

正盈余惊喜一旦出现，往往具有延续性

"盈余惊喜"具有延续性。也就是说，由于分析师在提高预测值以反映现实情况时，往往具有一定的滞后性，因此，一旦出现预测不符现象，就会引起更多的不符现象。某一季度中有过盈余惊喜的股票，很可能在下季度再次与预测不符。图 5.1 显示了

苹果公司 2006 年的盈利情况，我们可以看到盈余惊喜对多个季度的影响。

图 5.1　苹果公司盈余超出预测（2006 年）

数据来源：Prices/Exshare。

　　我们可以从图中看出，在 2006 年 7 月首次出现盈余惊喜现象之后，由于 iPod 的销售持续走俏，再加上新推出的计算机受到市场一致好评，因此，10 月再次出现实际盈利超过预测的情况。要认识这种效应在更长时期内的影响，我们不妨看一下图 5.2。

　　在相对较短的时间内，汉森自然公司股票的价格上涨超 4 倍，这使得每个季度的实际盈利水平均超过分析师的盈利预测。从 2005 年 3 月开始，公司连续 3 个季度出现正向的"盈余惊喜"，促使股价愈升愈高。

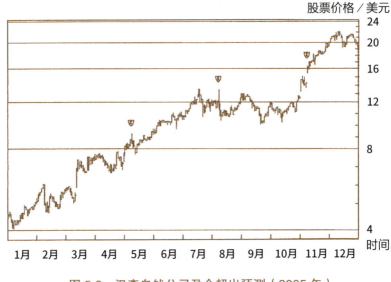

图 5.2　汉森自然公司盈余超出预测（2005 年）

数据来源：Prices/Exshare。

　　此外，盈余惊喜还可以终止一度下跌的股票，或是提升长期止步不前的股票。Ceradyne 是一家陶瓷材料的生产制造商。该公司的陶瓷材料具有耐超高温性和耐腐蚀性，适用于民用消费和国防产品。到 2006 年上半年为止，该公司的股票从 60 美元左右一路下跌至 40 美元，而且下跌趋势还远未终结。10 月的盈余惊喜却使得股价一举恢复到 60 美元以上。

　　阿卡米科技公司（Akami Technologies）是一家互联网服务公司。该公司的应用程序有助于提高互联网网站的运行速度和可靠性。该公司的情况与 Ceradyne 毫无二致。2006 年上半年，公司股票价格在 6 月之前一直徘徊不前，直到 6 月，实际收益才第一次超过市场预测。这是一个很奇特的例子，因为在 14 位跟踪该公司股票的分析师中，前两个季度的实际值与预测值差异仅有 2%。

但是，从真实收益超过预测值开始，股票价格便开始直线上升，从 25 美元开始，到年底居然达到了不可思议的 50 美元！

在我们的分析标准中，盈余惊喜无疑是最有说服力的指标之一。那些连续超越盈利预测的股票，也许就是股票市场上的汤姆·布雷迪，能给我们带来冠军般的业绩。投资分析师由于能够准确预测公司经营状况而让自己过着上等人的生活。当我们的股票不断超越分析师的盈利预测时，股票价格将会不断上涨，因为只有这样，股价才能反映新的，同时也是更高的盈利预测和估值。

显然，它们很容易就能成为选择成长型股票的最佳工具，从而让我们胸有成竹地对净资产做出乐观预测，让我们悠然自得地去预见更美好的未来。

大师选股箴言

1. 成长型股票的价格取决于投资者对未来收益的预期。

2. 分析师将对盈利预测采取更保守的态度，在信息有限的情况下，他们极不情愿对预测承担风险，或是提高预测。

3. 盈余惊喜无疑是最有说服力的指标之一。那些连续超越盈利预测的股票，也许就是股票市场上的汤姆·布雷迪，能给我们带来冠军般的业绩。

第 6 章

企业销售额持续增长：
不可抑制的增值动力

企业卖掉更多的产品或服务，或者企业经营成本没有增长，都能助力企业销售额增长，如何根据销售额变化，把握买卖时机？

曾经的超级成长股，例如英特尔和微软，它们提供的产品或服务在市场已经饱和，还能将它们放在我们的选股名单上吗？

沃伦·巴菲特

全球著名投资家

THE LITTLE BOOK THAT MAKES YOU RICH

在这个游戏中，市场会不停投球，但你不需要每次都挥棒。你可以把球棒放在肩膀上，站着，直到看见一击必杀的机会。

强势成长股

下面我要介绍第三个指标：持续的销售额增长。对一只成长型股票来说，可持续成长是其最重要的特征之一。这听起来似乎有点愚蠢，但是考虑到过去几年层出不穷的会计和利润操纵丑闻，这种说法也就不足为奇了。**衡量真实增长率最可靠，同时也是最客观的方法，就是判断企业的销售额是否在逐年增长以及增长多少。**

尽管企业可以通过操纵损益表来抬高盈利，销售收入却是很难篡改的。由此可见，销售额增长在我们的选股模型中，同样是最重要的构成指标之一，因此，我们的目标就是要搜寻收入大幅增长的企业。

危险信号：销售额不能每个季度和每个年度实现增长

我们对选股模型中的指标进行定期检验和跟踪时，注意到销售额增长始终是模型中最有说服力的指标之一。

如果销售额不能在每个季度和每个年度均实现快速增长，企业就不可能实现我们所期望的结果。只要看一下图 6.1，我们就不难发现，与那些收入增长不太显著的企业相比，销售额高速增长的企业的股票是多么诱人。

图 6.1　不同销售额增长率的股票报酬率比较
（2003 年 1 月—2007 年 4 月）

企业可以通过两种方式实现销售额的高速增长。

第一种方式，就是拥有受市场欢迎，并为市场所需求的产品或服务，从而使企业在每个季度都能卖掉更多的产品或服务。多年以来，在我们所选择的赚钱的股票中，大多属于这种情况，比如说美国芝加哥商品交易所（Chicago Mercantile Exchange，CME）和精密铸件公司（Precision Castparts）。

作为世界上具有领导地位的期货交易所之一的芝加哥商品交易所，由于货币市场和权益市场的持续兴旺，其销售额在短短的 3 年之内就从 5 亿美元增加到 10 亿多美元。

随着航空业的发展，飞机发动机使用高科技金属材料的需求也摆脱低谷，一发而不可收，而精密铸件公司的销售额居然在两年多的时间里翻了三番。正是这种难以置信的销售额增长，才促成了其同期的股价暴涨。在任何情况下，如果一家公司的销售收入能达到 50% 甚至是 100% 的增长，那么它的股票价格也很有可能会经历同样美好的时光。

First Marblehead 则是另一个绝佳的示例。如图 6.2 所示，它让我们认识到需求剧增带来的强大效应。

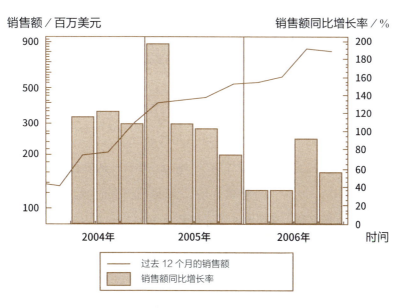

图 6.2　First Marblehead 公司的销售额增长情况（2004—2006 年）

在教育费用不断增加的情况下，First Marblehead 通过发放贷款然后再低价销售，从而为更多的人完成高等教育提供资金。

随着 First Marblehead 大学生融资贷款公司的销售收入增加，其股价也出现了同步增长，2004—2006 年的增长幅度达到了 270%。我们一直密切关注销售额增长的回落，因为它已经成为决定我们选股是否成功的关键指标，因此，对我来说，销售额增长放缓绝对是一个危险的信号。

过气成长股：其产品或服务在市场上已经饱和

实现销售额快速增长的第二种方式源于企业供求的失衡，由此导致股价稳步上涨。换句话说，就是在价格和需求增长的同时，经营成本没有出现同步增长。

这方面一个比较典型的例子是，能源成本的迅速上涨，促使康菲石油公司的销售收入在不到 3 年的时间里，从 900 亿美元增加到 1 850 多亿美元。收入的快速增长，又推动股票价格在仅仅 3 年之内从 2003 年的 25 美元达到了 70 多美元。

至今仍在美国销售"埃索"（Esso）牌石油的帝国石油公司，同期销售收入也从 100 亿美元增长到 240 亿美元，其股票的上涨势头则更为强劲，从每股 8 美元飙升到 2006 年年底的 38 美元。

尽管我是一个极端相信数字的选股人，但我经常发现，某种产品或服务的需求增长，可能会让其同行业中的很多公司进入我们的买进名单。也就是说，整个行业都会受益于强劲的销售额增长。

在互联网泡沫破裂之后，很多资金开始从股市向银行回流，银行就必须对如此巨额的资金采取某些措施，只能做自己应该做的事情：发放贷款。大量的现金供应，再加上低利率，使得很多人都具备了购买第一套或第二套房产的能力，于是，这些闲置资金开始涌入不动产市场。这些新买家必然造就不动产市场的迅猛膨胀。这就为兰纳尔和全国金融公司等房地产企业带来了巨大的收益。随着大量资金涌入房地产市场，两者的股票价格在 2003—2005 年期间均实现了翻番。

在我的职业生涯中，销售额的快速增长几乎是所有赢利股票的共同特征。如果一家企业的销售额能持续增长，那么无论总体市场和经济形势如何，它都能给投资者带来可观的回报。因为它本身就存在着不可抑制的增值动力，这正是我们所要寻找的属性。

相反，一只股票如果退出了我们的投资组合，那么销售额增长放缓无疑是最直接的原因之一。在某些情况下，即使最优秀的公司维持销售收入的增长也不是一件轻而易举的事。今天的成功也许会成为未来成功的桎梏。

英特尔和微软就是被成功束缚住手脚的典型例子。这两家公司都曾经历过业务超快速增长时期，不仅给计算机领域带来了彻底的革命，更重要的是给用户提供了前所未有的强大计算能力。快速增长几乎让它们完全垄断了其所在行业，以至于进一步购买其产品的个人和企业已经屈指可数，因为每个人都拥有微软的操作系统和英特尔的处理器。这两家公司只能依赖产品升级和补丁产品来增加收入，也许永远也无法重温昔日令人眩目的辉煌。

大师选股箴言

1. 衡量真实增长率最可靠，同时也是最客观的方法，就是判断企业的销售额是否在逐年增长以及增长多少。

2. 如果销售额不能在每个季度和每个年度均实现快速增长，企业就不可能实现我们所期望的结果。

3. 销售额持续增长的条件：一是拥有受市场欢迎，并为市场所需求的产品或服务，从而使企业在每个季度都能卖掉更多的产品或服务；二是在价格和需求增长的同时，经营成本没有出现同步增长。

第 7 章

营业利润率：
清晰、客观地了解企业现状

　　某些公司销售收入暴增，营业利润却少得可怜；有的企业营业利润直冲云霄，却因销售惨淡而被迫关门，造成这些局面的根源是什么？

　　一般来说，科技进步和企业创新是企业增长利润的关键手段，泰森公司和英伟达是如何分别实现营业利润飙升的？

The
Little Book
That Makes
You Rich

———— 查理·芒格 ————

巴菲特的黄金搭档

THE LITTLE BOOK THAT MAKES YOU RICH

　　我们发现，有的股票虽然价格是其账面价值
的两三倍，但仍然是非常便宜的，因为该公司的
市场地位隐含着成长惯性，它的管理人员可能非
常优秀以及整个管理体系可能非常出色等，它仍
然是便宜的。

强势成长股

在谈到这个指标的时候,我们已经介绍了全部 8 个指标的一半。我们的第四个指标是不断增长的营业利润率。我希望它越"肥"越好,换句话说,就是营业利润越大越好。

营业利润率等于一家企业的营业利润除以营业收入。这个指标不仅易于计算,而且像"雅虎财经"等大多数财经网站也都会提供此类数据。我之所以喜欢用营业利润率这个指标,是因为在公认会计准则(Generally Accepted Accounting Principles,GAAP)下,人们很难对这个指标进行操纵。

与净收益等其他指标相比,企业可能会想方设法把很多非经常性项目挤进净收益,使之不再是考核企业盈利水平的可靠标准。它可以让我们更清晰、更客观地了解企业现状。如果一家公司的营业利润每个季度、每个年度都持续扩大,就可以说明这家公司每销售 1 美元的产品或服务,都能获得更多的利润,赚更多的钱。我们经常会看到某些公司的销售收入暴增,营业利润却少得可怜。因此,一家企业可以通过降低价格来刺激销售。这只能增加收入，却不利于企业的持续性成长。还有一些企业，尤其是服务性企业，尽管销售额指标还算过得去，但是不断增加的人力成本和营销费用缩小了企业的利润空间。

很多种原因会促使营业利润率表现出强劲却短暂的快速上升。一家企业可以采取成本控制和削减措施，每 1 美元的销售收入就可以带来更多的利润。这当然很好，看到自己所投资的公司精益求精、尽职尽责，我自然会非常高兴，但这绝不是可持续性增长的源泉。在零售业，我们经常会看到这样的现象：当店面因销售惨淡而被迫关门的时候，营业利润却依然直冲云霄。管理层采取必要措施提高赢利水平，这当然不是什么坏事，但是，关门闭店显然并不能作为企业成长的必经之路。

另一种提高营业利润率的途径是企业在增加销售额的同时，要保持基本经营成本不变。当苹果公司的 iPod 在市场上大受追捧的时候，唯一增加的成本就是新产品的生产成本。当其销售收入、营业利润，以及股价飞速上涨的时候，销售及管理费用却没有出现这样快的增长。

"麦乐鸡"成功启示：产品创新带来新增长点

在第 1 章里，我们已经简单讨论了选股模型中的 8 个关键指标，并说明了由这些指标所组成的选股模型在过去 3 年如何超越市场大盘。毫无疑问，营业利润率是所有指标中最关键的指标之一。如果单位销售额能给企业带来更多利润，那么该企业的股票就是我们

苦苦寻觅的胜利者。在美国，随着生产率在过去 10 年内持续增长，再加上技术和生产能力的巨大进步，那些因产品适销对路而不断扩张的企业，就如同火箭般的速度飞速成长。在可以预见的未来，生产效率和科技的前进步伐似乎还没有停下来的迹象，因此，成长型股票的大好环境还将会持续下去。

鸡肉加工业也许最能说明营业利润率对股价上涨的推动效应。多年以来，泰森公司（Tyson）始终是一家传统的鸡肉加工商。它们的主要业务就是买进雏鸡，饲养其长大，然后加工处理，最后再把鸡肉卖给零售商，所有这一切都中规中矩，但有些单调。

泰森公司开始实施创新战略，想方设法用新方法来销售老式产品，并用各种方法包装鸡肉产品。在泰森公司的创新产品中，有预包装鸡肉、现成的烧烤脱骨鸡胸脯、冷冻型鸡肉便餐，以及水牛城鸡翅等。该公司发现，通过这些创新，可以对大同小异的产品收取更高的价格。于是，其销售收入和营业利润开始同步增加。唐纳德·泰森（Donald Tyson）还注意到，随着经济逐渐走出 20 世纪70 年代的低迷期，美国人的食量似乎越来越大。于是，他在鸡肉产品最受欢迎的餐厅和快餐连锁店策划了一场大规模的营销活动，一个推销电话最终改变了鸡肉产品的历史。

泰森拨通了麦当劳公司的电话，说服他们在菜单中增加一种鸡肉食品，即一种名为"麦乐鸡"的鸡肉。麦当劳采纳了这个想法，创新性的产品和不同寻常的加工技术使得泰森公司成为唯一能提供此类鸡肉块的加工商。这种食品很快就成为麦当劳菜单中最受欢迎的品种之一，而泰森公司更是成为此类食品最主要的供应商。

事实上，泰森公司已经对"麦乐鸡"这种产品形成了垄断，可以收取更高的价格，而基础成本却基本保持不变。在营业利润持续增长的同时，股价也连续上升，屡创新高，而且上涨势头似乎还远未停止。

专注细分市场，英伟达 10 年飙升百倍

我喜欢用大量新事例来说明每个指标。这样，你就可以清晰地看到每个指标是如何在选择成长型股票中起作用的。在过去的几年里，最显而易见的绩优股之一，就是能源类及能源服务类股票。尽管经营能源类业务的基本成本并未发生真正变化，但地缘政治和供应问题推动着此类产品的价格不断攀高。与之前相比，同样的天然气和石油销售量，却可以获得更多的营业利润。图 7.1 显示了森克尔公司在 2005 年的股价走势。在这一年，公司营业利润率从 20%一跃升至 50% 以上，与此同时，股价也飞涨了 80%。

美国西方石油总公司同样也说明了提高销售价格对利润率和股价的影响。西方石油总公司的主要业务就是勘探、生产和经销石油。2003—2005 年，公司不仅销售收入迅速提高，而且由于成本水平非常稳定，使得营业利润率也开始飞速增长。在营业利润率逐年增长的同时，股票价格也在稳步上涨，同期增长幅度超过了300%。在这段时间里，同样实现快速增长的，还有那些意识到这种增长的投资者的净资产。

另一个妙不可言的例子来自视频游戏行业。任何人都不会对游戏行业的兴旺繁荣视而不见。今天，电脑游戏几乎无处不在，你不仅可以在计算机上玩这些游戏，像 Playstation 3 之类的专门设备、

手动设备，甚至是你的手机，都可以成为游戏的载体。这种兴旺繁荣意味着，制造商必须利用更先进的图形处理芯片和专门的计算机芯片，才能把充满血腥的战争游戏场面、高清晰的 NFL 游戏场面或是备受欢迎的 NBA 游戏场面栩栩如生地呈现在玩家面前。于是，英伟达趁机而入，开始供应所有游戏制造商都需要的专用芯片。2006 年，由于产品需求暴涨，公司的利润连翻三番。公司股票自然也不甘落后，同年的涨幅超过 100%。

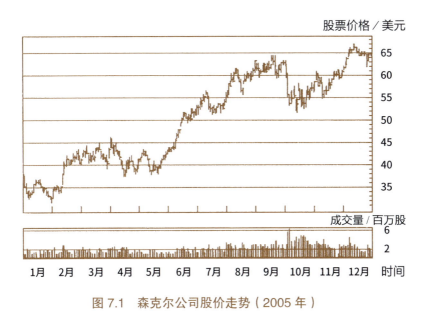

图 7.1　森克尔公司股价走势（2005 年）

数据来源：Prices/Exshare。

　　营业利润率一直是我们所关注的对象。利润率的增长往往意味着企业主宰着各自的业务空间，或是拥有受市场欢迎的新产品。但这又不可避免地会带来竞争，进而导致利润率下降。我们必须对利润率下降保持极为警惕的态度，密切关注各个季度的利润率增长情况。很多原因都可能导致利润率的增长放缓脚步，甚至出现逆转，可以肯定的是，没有一个原因是我们希望看到的。

当管理层因为一时的成功而得意忘形，或是行业管制日趋严格时，都有可能导致管理费用急剧膨胀。对于医药行业和公用事业这两个行业，政府机构在严格限制企业收费标准的同时，又迫使他们增加对工厂设施的控制费，从而使这两个行业利润率均大幅下滑。

不管是什么原因导致利润率增长速度放缓，甚至是下降，都可能是一个明显的信号：该是我们和这些股票说再见的时候了。幸运的是，所有这些迹象都能在我们的数据库模型中一览无余。一旦出现这种情况，我们就可以得到很多预警。在我们的网站上，华尔街上的几乎任何一只股票都不能逃脱我们的眼睛，利润率开始下跌，我们就会一目了然。只要一个企业的营业利润率还在继续增长，那么它就是一个推动股价不断上涨的强大动力。

大师选股箴言

1. 在公认会计准则下，人们很难操纵营业利润率这个指标。

2. 如果单位销售额能给企业带来更多利润，那么该企业的股票就是我们苦苦寻觅的胜利者。

3. 利润率的增长往往意味着企业主宰着各自的业务空间，或是拥有受市场欢迎的新产品。

强势
成长股

第 8 章

自由现金流：优质现金流公司股价跑赢大盘 59%

为什么说美国安然、世通等公司破产给我们敲响了警钟，成长型股票投资者，除了关心股票的收益增长率，也应关注股利？

为什么自由现金流对企业异常重要？企业一旦加大分红和回购，会给市场传递哪些积极信号？

——— 彼得·林奇 ———

传奇基金经理

THE LITTLE BOOK THAT MAKES YOU RICH

　　只要公司的净利润在继续快速增长、规模继续扩张，并且没有出现影响公司增长的障碍，就要继续持有这些快速增长公司的股票。

强势成长股

　　第 5 个关键指标是强大的现金流。请你回想一下第 1 章的内容：在我们的系统中，一个重要的指标就是企业创造自由现金流的能力。2004—2007 年，在以自由现金流排名的股票中，最优秀的股票的业绩要比大盘高出 59% 之多。自由现金流就是企业在支付全部经营成本之后剩下的资金，也是企业持续经营所必需的资金。按照会计学的术语，自由现金流等于营业利润扣除生产经营所需的资本性支出。

　　要认识自由现金流，我们不妨看看自己的工资表：首先你所注意的是一定数量的工资总额，从中扣除个人所得税、健康保险、社会保险、401（k）捐赠及其他各抵减项目，最后剩下的才是你真正拿到手的净收入。

　　对一家企业来说，这个净收入就是它作为总收益向投资者公布的数字。如果这个数字逐年递增的话，那么你就是一个更有价值的雇员，至少在表面上大家是这样认为的。当你回到家的时候，除支付生活必需品的费用之外，还要支付各种各样的账单，比如保险、住房贷款或是房租、水电费和衣食住行费，只有在支付了这些必要费用之后，余下的才是自由现金流。这就是你可以用来购买奢侈品、旅游休假或是存到投资账户中的资金。如果最终的余额是负数，就说明你的收支已经出了问题。在这种情况下，如果你还想买衣服、理发、更换家具或支付托儿费和学费，你就必须从信用卡中透支，或是挤占住房抵押贷款，这一切都是白费力气，因为这些你迟早是要偿还的。

企业也是一样，在支付了销售成本和工资等基本管理费用之后，企业还要把收入中的一部分用于维修和更换旧设备或是旧厂房，如果剩下的自由现金流余额为负，就得想办法到其他地方筹集资金，扩大生产经营也就无从谈起了。如果能剩下大量可自由支配的现金，就可以用于扩大业务。

成长型投资者除了关注收益，也应关注股利

充足的自由现金流可以使企业在进行决策时享有更大的灵活性和自由度。从内部运营角度看，企业可以自主创办新业务、增加新产品线或开发新市场，而不需要向银行借款或通过出售股份筹集资金。我经常看到很多企业因为向银行贷款而陷入危机，或是大量转让股份，以至于根本没有足够的盈利来维持高股价。

如果一家企业不能通过创造自由现金流而实现资金自给，它就可能增长停止，无力借款，股价太低以至于根本就无人愿意购买增发股。所有这一切迟早都可能会发生。我们当然不愿意看到在自己

的投资组合中出现这么差的股票，因此，我们一直密切关注自由现金流。自由现金流可以使企业采取很多有利于投资者的措施。比如说，有了足够的自由现金流，企业就可以发放股利，甚至是提高股利支付水平。在当今市场，这一点极其重要。过去，成长型股票投资者并不太注重股利，更关心这些股票的收益增长。

2003 年美国议会颁布了股利免税条例，股利税率仅相当于联邦所得税税率的 15%，因此，税收优惠也就让投资者有了更多用来消费或是进行再投资的资金。减免 85% 的股利所得税，自然而然也就增加了股票的价值，使之具有比该法令通过之前更大的价值。

令人百思不得其解的是，在通过股利所得税减免条例之后，具有高股利支付率的股票不仅有更好的市场表现，而且这些股票的价格波动性也大为减弱。

这对于那些和我一样关注基本面和风险控制的成长型股票投资者，无疑是一个福音。我认为，在我的投资理财生涯中，削减股利所得税是最具牛市性质的利好消息之一。因此，从现在开始，企业使用自由现金流和提高股利的能力，肯定会给它们在股市上赢得一个好名声。企业还可以利用自由现金流回购股票，这对股东而言是一个利好消息。

当公司认为其股票是一种极富吸引力的投资工具时，就可以采取两种有利于自己的手段。首先，在保证收益和其他指标不变的情况下，减少市场上的流通股股份。这就意味着，市盈率、市盈率估值与业绩成长性比率、股价营收比，以及其他主要财务比率均会下降，由此吸引更多投资者的关注。我们都知道，股票市场同样受制于供需关系，回购股票不仅可以减少股票的供给，而且会让公司股票更吸引投资者，并由此而增加股票的需求量。股票回购还具有强烈的心理暗示作用，因为它展示了公司管理层对自身能力和未来形势的信心。由于企业正越来越多地在高管层面实施股票期权激励，因此，公司就可以使用自由现金流来回购股票，以抵消对潜在的股票的稀释作用，这同样可以保护股东免受股票发行量过大带来的副作用。

如果企业的自由现金流为负数，为保证持续经营，他们就不得不做出某些艰难的决策。此时，他们可以通过发行债券筹集资金，或是通过向银行贷款等传统借款方式，但这两种方式都会不可避免地产生未来利息费用，从而减少了企业未来的盈利。为抵消未来利息成本的增加，企业就必须通过借款获得更高的收益率，才能在扣除利息费用之后有所节余。

此外，企业还可以通过发行新股以筹集运营资金，这就降低了现有股东手中的股票价值。因此，除非企业能通过更高的利润率来抵消稀释作用，否则，投资者最终会卖掉手里的股票，对股价形成打压作用，继而引起更多的抛售。

这种现象在互联网泡沫膨胀期总是屡见不鲜，当时，尽管这些公司公布的收益数据令人目瞪口呆，但是和他们消耗现金的速度相比，增长速度显然就不那么乐观了。这些公司一直在通过发行股票，为自己貌似神奇的增长提供资金。

一旦市场上的热情消散，他们也就无力依靠发行股票来维持其经营，于是，很多公司瞬间破产，销声匿迹。我们绝不希望在自己的成长型股票投资组合中，看到这样的事情发生。

企业也可以通过削减成本来达到筹集资金的目的，经常采用的成本削减措施，就是减少甚至是取消股利支付。既然支付股利有利于投资者，削减甚至是取消股利对股东而言当然就不是好消息了。

霍利公司加大分红和回购，股价 3 年飙升 5 倍

看一下我们的股票评价数据库，很多事例能让我们认识到自由现金流的威力。它能让我们按 8 个关键指标对股票进行排序，其中当然也包括自由现金流。2007 年 1 月，我曾经对华尔街上自由现金流最高的某些股票进行了研究。

比如说 PW Eagle——俄勒冈州尤金的一家 PVC 管生产商，也是我在 2007 年初最钟爱的股票之一。PW Eagle 的主营业务是在美国境内生产和经销聚氯乙烯管线及连接件。

2005 年，Eagle 公司的业务随不动产市场的膨胀，也进入快速扩张期，这为它积累了大量的自由现金流，其中绝大部分被用于回购股票。公司的股票价格在 2006 年也经历了同样的暴涨，从 8 美元左右一路飙升，并超过 30 美元。由于它的合作方以市政水厂和民用住宅开发商为主，当时又适逢全国各地的水厂大张旗鼓地重建、重组，因此，Eagle 公司自然可以维持增长态势，通过自由现金流的积累造福于股东。

另一个可以说明自由现金流重要性的是霍利公司（Holly corporation）。我在 2004 年 10 月开始购进这家公司的股票。在我的投资通讯组合中，霍利公司的股票仍占有一席之地。霍利公司的主营业务是提炼、运输、中转，以及经销石油产品。此外，它还在亚利桑那州和新墨西哥州拥有几家生产和经销沥青产品的工厂。

霍利公司的现金流入量一直超过生产经营费用，并以现金的形式发放股利，自 2003 年以来，其股利已经翻了两番，回购股票超过 600 万股。使用自由现金流发放股利和回购股票所带来的结果，就是股价从每股 7 美元左右，猛涨至 2006 年 1 月的 35 美元！

分析一家公司的自由现金流状况，和检查你自己的财务状况毫无区别。如果你在支付必要的费用之后还有多余的现钱，你就可以用这笔钱进行投资，继续积累财富，给妻子买一条项链，到餐厅就餐，尽情享受生活带来的美妙。如果你手头可支配的现金很拮据，或是根本没有，那么你就遇到问题了。此时，你只能做出艰难的抉择：削减支付或是借钱，在某些情况下，如果你不能增加收入或减少支出，你就濒临破产了。

拥有足够自由现金流的企业，可以扩大业务，创建新店面，开发新产品以增加利润，进而发放股利回报股东，回购股票以提高股价。毫无疑问，钱能生钱，富者愈富。只要盯住自由现金流，我们就能越来越富有。

大师选股箴言

1. 如果一家企业不能通过创造自由现金流而实现资金自给，它就可能增长停止，无力借款，股价太低以至于根本就无人愿意购买增发股。

2. 削减股利所得税是最具牛市性质的利好消息之一。

3. 股票回购还具有强烈的心理暗示作用，因为它展示了公司管理层对自身能力和未来形势的信心。

4. 拥有足够自由现金流的企业，可以扩大业务，创建新店面，开发新产品以增加利润，进而发放股利回报股东，回购股票以提高股价。

5. 钱能生钱，富者愈富。只要盯住自由现金流，我们就能越来越富有。

强势
成长股

THE LITTLE BOOK
THAT MAKES YOU RICH

第 9 章

选股三剑客：盈利增长、盈利动量和权益报酬率

盈利增长、盈利动量和权益报酬率这 3 个指标比较直观，它们对股价的影响到底有多大？

选股八大黄金指标各有优缺点，应如何充分衡量每个指标？如何在风暴来临前，精准卖掉那些资不抵债的高风险股票？

———— 帕特·多尔西 ————

《巴菲特的护城河》作者

THE LITTLE BOOK THAT MAKES YOU RICH

如果企业没有可以保护自己业务的经济护城河，

竞争对手迟早会撞开它的大门，抢走其利润。

强势成长股

到此为止，我们已经讨论了 5 个关键指标，它们也是帮助你发现当今最佳成长型股票的重要工具：

1. 盈利预测调整

2. 盈余惊喜

3. 销售额增长

4. 营业利润率

5. 自由现金流

我们的法宝就是采用一个汇集 8 个指标的选股公式，搜寻股票中的精英。可以非常肯定地说，到目前为止，你应该已经真正认识到了这 8 个指标何以给企业的财务状况带来重大影响，并最终影响其股票价格。我马上将要告诉你的是如何把这个公式完整地运用到你的投资实践中。同时，我还要让你亲身体验一下我的股票评级数据库。

首先，我们先看看公式中的其他 3 个指标。在认识了前 5 个指标之后，你会发现，剩下的 3 个指标相对较为直观，也易于解释，因此，我打算在本章里对这 3 个指标一并加以讨论。我将逐一介绍这 3 个指标及其重要性，并对其进行解释。这样，你就可以真切地感受到，它们对股票价格的影响到底有多大。

我曾经指出，任何一个指标都有可能一时有效，也有可能瞬息失效。20 世纪 70 年代，账面价值一直是确定未来收益水平的决定性指标。在并购风起云涌的 20 世纪 80 年代，利息保障倍数和息税前利润成为关键指标之一。随着时间的推移，这些东西都在变化，而且可能会出现剧变。有时候，正盈余惊喜的股票可能会普遍风行，而在另一些时候，销售额增长（比如 20 世纪 90 年代末）则成为股价飞涨的助推器。

只有同时关注这 8 个与股价表现休戚相关的关键指标，我们才能保证，无论潮流是什么，我们都能准确地识别那些受大盘趋势影响的股票。由于我们还要考虑当月基本利好因素之外的其他指标，因此，我们的投资对象注定只能是那些质量最高的股票。

美洲电信收益逐年递增，股价暴涨 300%

在剩余的这 3 个指标中，首先要介绍的是盈利增长。我们的目标就是保证被投资企业披露的盈利始终保持增长。每个季度，企业都要通过财务报告披露前 3 个月的财务状况和经营成果，比如说购买了多少材料、花了多少钱，以及赚了多少钱等。最终的经营成果净值则是公司的每股收益（EPS）。要想得到这个数字并不难：一个季度的利润总额扣除全部优先股股利的余额，再除以流通在外的普通股总数。这个数字可以告诉我们，公司收益是否连续保持着强劲的增长势头。

由于市场在很大意义上着眼于各季度的每股收益水平，因此，股票价格归根到底还是取决于盈利水平。在收益逐年递增的情况下，企业价值自然而然也会与日俱增；与此同时，股票价格通常会同步增长，以反映企业价值的提高。

在从长期角度出发挑选成长型股票的时候，美洲电信公司无疑是说明稳定增长型收益的绝佳案例。由于美洲电信公司在财务报告中披露的收益水平逐年递增，因此，其股票价格也在持续上涨。自 2004 年以来，股价已经暴涨了 300%。

另一个说明收益稳定增长有利于吸引市场关注和推动股价上涨的例子是 Google。自 2005 年中期开始，Google 披露的各季度收益便开始连续增长。在强大的买进压力下，股票价格呈现出连续上升的增长态势，同期增长 70%，见图 9.1。

企业收益同比增长，拉升股价的大马力跑车

我们的目标不仅是收益的逐年增长，更希望能实现收益的同比增长，也就是说，要超过去年同期水平。如果上个季度的收益同比增长 10%，我们就希望这个季度能实现更高的同比增长率，这就是我们公式中的下一个关键指标盈利动量。

如果一只股票要在这个指标上得到高分，它每个季度肯定都会保持加速增长的盈利水平。

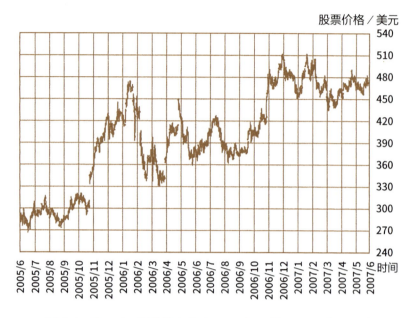

图 9.1　Google 的股价走势（2005 年 6 月—2007 年 6 月）

　　在某些情况下，盈利动量很可能会成为整个模型中最重要的指标之一。当市场处于牛市时，盈利动量会成为股价背后最强劲的驱动力之一。以盈利动量及其他重要指标为基础对股票进行研究，已经发展成为一个独立的学派，更有大量的财经报刊对此趋之若鹜，比如《投资者商业日报》（ *Investor's Business Daily* ）。此外，还有十几种以盈利动量为基础进行交易和投资的共同基金和对冲基金，也都很重视这个指标。

　　我们曾在上文中探讨过，如果能把大量现金转化为股票，并且这些股票又能受到强大的买进压力，那么投资者自然会得到丰厚的利润。我们知道，人们都喜欢盈利动量，因为盈利动量能推动股价持续上涨，显然，它在我们的基本评级系统中占据着举足轻重的地位。

　　一个非常典型的例子就是中点能源公司（Centerpoint Energy），该公司的股票在 2007 年中期曾经在我们的评级系统中名列前茅。之所以说中点能源是一个颇具说服力的例子，是因为它并不是被大多数人挂在嘴边、被财经新闻大肆宣扬或在报纸杂志、网站上连篇累牍的热门企业，在任何地方我们都很难觅得它的痕迹，在鸡尾酒会或是高尔夫球场上提到它的机会就更少了。

　　这家以电力和天然气销售为主营业务的公司，却一直保持着较高的股利发放率。仔细研究这家小公司的收益报告，我们就会发现，在它其貌不扬的破车罩下面居然是一辆货真价实的大马力跑车。如图 9.2 所示，在整个 2006 年，中点能源的收益一直保持着加速增长趋势，公司股票自然也让投资者开心不已。

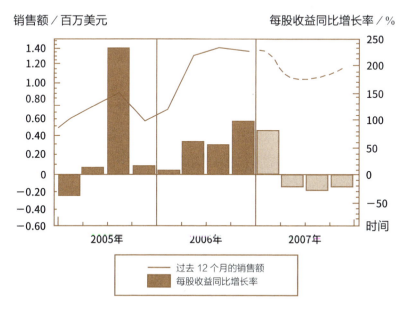

图 9.2　中点能源公司的每股收益与销售额增长情况（2005—2007 年）

图 9.3 显示了 Maidenform 公司（国际知名的品牌内衣销售商和制造商）股票（2005—2007 年）的每股收益，我们可以了解一下对冲基金和共同基金给股票市场带来的影响。

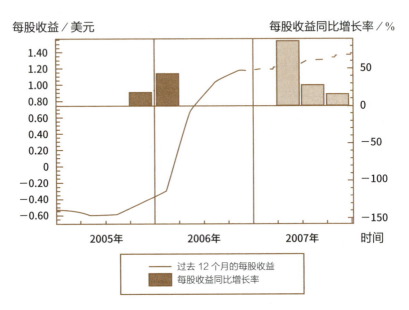

图 9.3　Maidenform 公司的每股收益增长情况（2005—2007 年）

尽管 Maidenform 公司的产品似乎比中点能源公司的迷人，但从根本上看，它依然还是一家较为简单的企业，它的股票也不像人们期待的那样令人振奋。由于公司收益在 2005 年年底和 2006 年年初持续加速增长，因此，公司股价在短期内的上涨幅度就超过了 100%。

同类企业对比 ROE，"苹果"不与"土豚"比

在我们的 8 个关键指标组成的模型中，最后一个指标是权益报

酬率（ROE）。无论对我还是大多数投资者来说，这都是一个至关重要而且值得高度关注的指标之一。**权益报酬率反映了企业管理层利用股东所投入现金实现的投资回报率。权益报酬率等于净收益与股东权益的比值。**它所反映的信息非常有价值。通过评估这个指标，我们可以了解企业利用经营所得现金的有效性。

我喜欢初始 ROE 很高且能持续增长的股票。我认为，如果权益报酬率持续增长，说明管理层始终在对经营与投资进行卓有成效的改进和完善，这将增加这家公司的投资回报率。如果权益报酬率不断降低，这就说明企业管理者可能并没有如我想象那样有效地利用资金。

如果一家企业能为股东带来可观的回报，它也就不大可能会做出有损股东价值的事情，比如说，为了保证持续经营而增发新股或借债，毫无疑问，这两种做法对当前股东而言绝不是利好消息。我想知道的是，企业能否通过正常的业务创造出必需的资金收入，并维持一定的自由现金流，用于扩大业务。一家企业只有具备极高的回报率，才更有可能创造出巨大的自由现金流。

我们应该以行业为框架对权益报酬率进行横向比较，而不是以股市大盘为标准。一家咨询公司更有可能实现高权益报酬率，原因很简单，因为它根本就不需要什么实物资产，它所有的资金支出无非是用于广告营销以及新增办事处。而所有这一切都不会出现在权益项目中。因此，拿咨询公司和不得不在厂房、土地和原材料等方面保持大量投资的钢铁厂进行比较，显然有失公允。我们需要关注的是，一家企业的 ROE 指标与同类企业相比如何，而绝不能拿苹果公司和土豚做比较。

为了找到战胜市场大盘并能增加投资组合价值的优质股票，你就必须综合考虑我们所介绍的每个指标，在这个问题上，我觉得不管怎么强调都不过分。市场上的潮流转瞬即逝，它的持久性甚至还不如冲击南佛罗里达州大西洋海岸的夏季热带风暴。

只有综合运用以上这 8 个关键指标，你才能胸有成竹地保证，当风暴来临之时，你已经为自己找到了庇护所，只需卖掉投资组合中资不抵债的高风险股票，然后养精蓄锐，等待雨过天晴之后的明媚阳光。

大师选股箴言

1. 任何一个指标都有可能一时有效，也有可能瞬息失效。

2. 在收益逐年递增的情况下，企业价值自然而然也会与日俱增；与此同时，股票价格通常会同步增长，以反映企业价值的提高。

3. 如果能把大量现金转化为股票，并且这些股票又能受到强大的买进压力，那么投资者自然会得到丰厚的利润。

4. 如果权益报酬率持续增长，说明管理层始终在对经营与投资进行卓有成效的改进和完善，这将增加这家公司的投资回报率。

强势成长股

THE LITTLE BOOK
THAT MAKES YOU RICH

第 10 章

多元化组合：
规避风险，获取超额收益

　　β 系数衡量了单只股票对市场基准变动的敏感度，而与市场基准无关的随机性风险则无从预测，如何才能更好应对随机性风险，保住丰厚利润？

　　α 系数反映了单只股票相对基准收益的超额收益，成长型投资者在构建组合时，如何才能获得远超被动型指数基金的收益？

——— 戴维·M. 达斯特 ———

《巴菲特资产配置法》作者

THE LITTLE BOOK THAT MAKES YOU RICH

　　挑选合适的骑师来引导好你的马群，对于成功实现你的长期规划至关重要。不管你是想获得预期的特定资产收益，还是想从长远角度获得超过这个收益，你都需要给每匹马配上合适的骑师。

强势成长股

如果世界完美无瑕的话，我们就可以找一些在基本面上出类拔萃的股票，为自己构建一个投资组合，可以高枕无忧地坐享其成，高兴地看着自己的利润与日俱增。遗憾的是，世界并不完美，华尔街离完美更遥远。

与市场大盘无关的随机性风险无处不在

市场有两个关键属性深刻影响着我们的投资组合。首先，股票市场有着精神分裂症在心理上所具有的全部典型症状。其次，**股票市场归根到底是一个被供求关系左右的市场。市场对某家企业的看法，很可能会给我们的投资业绩带来不可估量的影响。**

尽管有些公司拥有合理的经营模式，也不乏诱人的利润，即使他们注定会成为长期的胜利者，但在短期内，还是有可能不可思议地受到严厉的惩罚。出于这个原因，始终从风险和收益角度出发，并结合它们在基本面上的优势，对组合中的股票进行跟踪衡量是绝对必要的。

我们需要检验的第一个风险 / 收益指标，在数学语言上被表示为 β 系数。β 系数衡量了一只股票相对于市场的变动趋势，我们经常把这个系数称为系统性风险，它显示了一只股票对整个股市基准变动的敏感度。也就是说，β 系数衡量了特定资产相对于广义市场的变动趋势。

如果某只股票的 β 系数等于 1，我们就可以认为该股票价格的变动幅度与市场基准价格变动相匹配，基本与市场保持同步。如果一只股票或一个投资组合的 β 系数为 1.10，我们就可以说，其资产的变动幅度始终高于或低于市场大盘 10%。如果一只股票的 β 系数为 0.80，那么无论市场大盘上升还是下降，该资产的变动幅度均比市场总体少 20%。β 系数是通过回归分析法得到的，这种统计方法的目的在于确定一个因变指标与一系列其他可变指标之间的关联度。

打个比方来说，如果市场大盘上涨 10%，"蓝筹股公司"的股票价格也上涨 10%，那么"蓝筹股公司"股票的 β 系数就等于 1；如果市场大盘上涨 10%，而"振奋新原料"公司的股价上涨 30%，那么"振奋新原料"股票的 β 系数为 3。在这个问题上，股市大盘上涨还是下跌，并不影响股票的 β 系数。因为我们所衡量的，仅仅是个股与股市总体基准之间的关系。

在寻找我们所期待的股票时，我们往往倾向于风险非常低、价格波动性较小的低 β 系数股票，如电力股、某些银行股以及大型蓝筹股。如果我们愿意承担更高的风险，买进某些更具进取性但也更具不确定性的股票时，投资组合的 β 系数就会相应提高。**我们通过对高 β 系数和低 β 系数的股票进行有效的组合，从而最大限度地减小组合的总 β 系数和降低大盘波动对组合的影响。**按照这个原则，我们首先需要挑选基本面特征较为合理、不会过分受市场波动影响的股票，构建一个风险均衡的组合。这样，我们至少可以在瞬息万变的股市中掌控自己的命运。作为一个以数字为职业的人，我喜欢更多的主动权，至少不至于在市场面前手足无措，把自己的财运拱手交给变幻无常的华尔街。

我们需要面对的另一种风险是非系统性风险。在金融领域，我们把非系统性风险定义为与总体市场大盘无关的随机性风险。非系统性风险可以是只影响个别企业的某种消息，比如说下调的盈利预测，或是只影响同种行业中某些企业的特殊状况，如新的法律法规或市场限制规定。

由于防范非系统性风险非常困难，因此，一只股票的非系统性风险越大，你就越需要采取多样化的投资策略。比如说，我会更看重多样性更低但流动性更高且非系统性风险较低的大盘股，而不是具有较高非系统性风险的低流动性、中小盘股票。为了减小整个投资组合的非系统性风险，我们必须把投资资金分散于不同的行业、受经济因素影响度不同的股票，以及具有不同 β 系数的股票。

我在构建投资组合时，通过精细的权衡，对不同 β 系数的股票进行组合和匹配，从而通过合理的多样化结构最大化分散非系统性风险。如果我们想实现“扩大财富”的目的，那么这种方式绝对不可或缺。有了这个妙不可言的选股模型，我们就可以为自己的投资组合挑选出具有强大基本面的公司。在这种情况下，我们最不想看到的一件事，就是因市场波动或行业、个别企业的特殊情况，让近在咫尺的丰厚利润灰飞烟灭。多年的经验让我认为，无论怎样强调风险控制对保证收益稳定的重要性，都不为过。

如何跑赢大盘，获得远超指数基金的收益？

β 系数可以避免我们走下坡路。我们的最佳业绩衡量指标，同时也是我们百战百胜的秘诀，则是 α 系数。毫无疑问，α 系数一直是我们在股票市场上战无不胜的法宝。α 系数反映了股票收益表现受非市场因素的影响有多大。通常，α 系数依赖于重要的基本面特征，以及企业的财务状况和经营成果。简单地说，α 系数反映了一种股票相对基准收益而言所具有的超额收益。

任何一只股票都有自己的 α 系数和 β 系数。**β 系数反映了股票价格中由市场总体决定的部分，α 系数则反映了超额收益之上的部分。**我们可以这样认为，股票就像人类一样，绝大多数平平淡淡，只有高 α 系数才能让它们成为天才和精英。

早在 27 年前，我第一次认识到了这些无比强大的预测性指标。当时，我还在大学里学习金融学和市场学。在那段岁月里，我们一直接受着这样的教诲：**如果不承担额外的风险，那么任何人都不可能打败市场大盘。**当时的绝大多数投资理论认为，最好的投资就是把你的钱交给模拟 S&P500 指数或其他相关指数的基金。富国银行一直在大力提倡这种投资模式，我有幸结识了一位来自富国银行的教授，他曾经带领自己的学生对有效市场进行过深入研究。毫无疑问，我和其他采用富国银行计算机主机进行过试验的人，实际上是在为富国银行提供数学计算方面的廉价劳动。这么说也有点不太客观，因为我毕竟有机会得到大量的股价信息和财务数据，在 20 世纪 70 年代，可没有互联网和笔记本电脑，让我们可以通过多种渠道获得这些信息，因此，这在当时来说是天赐良机。

作为一个初出茅庐的量化分析师，我参与的最大项目之一，就是用不到 500 只股票为这位教授构建一个模拟 S&P500 指数的数学模型。按相同的风险水平和行业权重构造一种特定的投资环境，并利用这些股票精确地对 S&P500 指数进行跟踪。在用 332 只股票构造出第一个证券组合的时候，我大吃一惊：这个组合的收益水平居然超过了市场大盘！要知道在那个时代，我们每天都接受着这样的教诲：打败市场是不可能的。于是，我开始潜心研究到底是什么因素导致股市出现如此不同寻常的偏差。

可以说，我的职业生涯也就是从这个发现开始走上正轨。在最初由 332 只股票构成的这个组合中，部分经过精挑细选的股票，在保持同等风险的情况下，一直能让大盘甘拜下风，而且在某些情况下，风险甚至更低。这给我的职业生涯带来了变化，因为我揭开了高 α 系数股票的奥妙！这些高 α 系数股票的价格变动往往独立于市场大盘指数，而且与其他股票相比，更有可能带来高回报。

高 α 系数股票能战胜市场大盘，而且让我们有机会获得远超过消极型指数基金的收益。 认识到这一点之后，我开始进一步研究，到底是哪些因素让那些股票具有较高的 α 系数。我发现，它们的卓越表现可以归结为以下两个原因：第一个原因是有些股票在基本面上不够坚实，因此，往往会被看跌的专业投资者卖空。当看跌的空方为锁定利润而开始回购时，这些不太出色的股票就会强势反弹。这种情况经常会出现在市场接近短期牛市之前，比如说，2001 年的 4 月和 9 月，某些技术股因空头平仓而反弹直至飞速飙升。

α 系数之所以高的另一个原因源于买进压力。当个人投资者和机构投资者意识到某些股票在基本业绩面上的优势时，就会大量买进。我们都知道，股票市场和其他市场一样，都要受到供求关系的制约，需求增加必然会推动股价相对其指数越涨越高。

今天，很多市场权威人士和哲人圣者都在大谈特谈高 α 系数股票。不可思议的是，很多人竟然在完全错误地理解这个系数。

他们总是在计算每只股票 α 系数的同时，计算该股票相对于 S&P500 指数的 β 系数。如果这只股票并不是 S&P500 指数的成分股，而是构成纳斯达克成分股的话，要保证计算结果的准确性，就应该采用纳斯达克指数或其他与该股票相关性更强、跟踪更为紧密的指数为基准。

我们之所以如此强调相关性的重要性，是因为相关性越强，α 系数和 β 系数在统计上的显著性就越强。如果我们用相关性较低的股市基准进行比较，就只能得到统计显著性较低的 α 系数和 β 系数，或者像我说的那样："种什么瓜，得什么果，没有投入，就没有收获。"我们不妨从另一个角度说明这个问题。假如我们用小盘股股票与 S&P500 指数进行比较的话，这无异于拿娃娃狗和大象相比。尽管它们都有四条腿和一只尾巴，但它们的举止行为迥然不同！一个相对于蓝筹股而言具有较高 α 系数的股票，如果以波动性较强的纳斯达克指数为基准，可能根本就不具备这样的特性。

另一个经常出现的错误是，有些证券分析师在计算时采用相对强度，并把它当成 α 系数。相对强度反映一只股票在任何时点相对于指数的市场表现。如果一只股票能以 100% 的精确度跟踪市场基准指数，且该基准指数在一年内上涨 50%，而股价也上涨 100% 的话，那么该股票的 β 系数为 2，α 系数为 0。现在，我肯定知道你在想什么：一个能达到 2 倍于市场大盘增长速度的股票，它的 α 系数怎么能是 0 呢？其实道理很简单：市场的整体回报率完全可以由 β 系数予以解释，而与 α 系数没有任何关系。

从本质上说，当整体市场出现巨变的时候，高 α 系数股票的价格也将随之而产生大幅波动。**此外，我喜欢的股票应该具有尽可能低的 β 系数，这样，就能降低投资组合对市场大盘的依赖性**，只需要盯住每只股票的市场业绩，就可以掌握自己的财运了。

换句话说，当市场遭遇挫折的时候，高相对强度和高 β 系数的股票往往会难逃厄运。α 系数的计算期通常较长（跟踪期一般为 52 周，即 1 年），而且源于真正的买进压力影响，受短期价格波动的影响较小。实际上，我的股票组合在市场急剧波动时，很多 α 系数较高的股票都会随之出现强烈波动，但变动分析和市场恰恰相反。

就像我们学习阅读和写字首先必须记住 ABC 一样，了解 α 系数和 β 系数，可以帮助我们更清楚、更准确地分析股票，进而更有可能引领我们走上赚钱之路。如果我们所投资的股票始终具有合理的基本面，始终面临着买进压力，并对我们的 β 系数进行有效管理，从而能躲避市场的波动，并通过多样化投资来规避风险。我们就已经走上了财富之路，向着我们成功的彼岸不断前进。

当然，我并不是让你劳神费力地计算这些数字。在第 13 章里，我将和你一同分享我的全部秘诀，让你学会怎样使用我们的股票评级数据库。我相信，它定会让你事半功倍。

大师选股箴言

1. 股票市场归根到底是一个被供求关系左右的市场。

2. 对高 β 系数和低 β 系数的股票进行有效的组合，从而最大限度地减小组合的总 β 系数和降低大盘波动对组合的影响。

3. 挑选基本面特征较为合理、不会过分受市场波动影响的股票，构建一个风险均衡的组合。

4. 无论怎样强调风险控制对保证收益稳定的重要性，都不为过。

第 11 章

量化收益-风险比，
更大、更安全收益来源

盯住高 α 系数和低标准差的股票，就可以在低风险水平下获取超额收益，这与传统观念背道而驰，这真的可以实现吗？

投资者量化收益-风险比，随时关注一只股票的买进压力和风险水平，就可以判断何时卖出这只股票？

———— 亚当·史密斯 ————

《金钱游戏》作者

　　股票市场无论如何还没有沦丧为买彩票那样的赌博事业，但炒股绝对是对普通大众心理的考验，因为投资者要做的，就是想方设法比别人更准确地预测未来市场动向及投资者行为。

强势成长股

我们已经在第 10 章里探讨了重要的 α 系数，并且初步谈到了风险-回报的问题。现在，我们有必要对此做进一步的研究。收益-风险问题一直是被专业人士和个人投资者谈论不休的话题，他们却很少能够对此做出有价值的判断和衡量。

在这个问题上，有些人总是片面地用价格来对风险和收益进行比较，比如说，认为某低价股的风险较高，或认为某个价格有可能会上升，但这并没有什么实际意义，更不是什么锦囊妙计。

作为一个每天和数字打交道的人，我深知，必须要用更好的方法去量化和判断风险与收益之间的关系。我坚信，我已经找到了这个答案。

尽管不想让你觉得我像个数学怪物，但我还是有必要对此解释一下。量化分析就是用数学理论来解释股价的变动。

先把股价变动趋势绘成图线，然后用一系列统计指标分析股价变动与基础市场力量之间的关系。我们曾讨论过 α 系数和 β 系数的概念，以及如何运用这些概念衡量各股票针对相应市场基准的运动趋势。

低风险水平实现超额收益，可以实现吗？

现在，我们再来介绍另一个特征量，也就是在选择成长型股票时必须规避的超额风险，其大小用标准差或统计偏差[①]进行衡量的幅度。当一种股票的价格变动非常剧烈时，就是一个明显的不良征兆，我们要尽量避免出现这种现象。这就是标准差和收益-风险比指标的用处所在。

最基本的形式就是用一只股票的 α 系数除以其标准差。与所有统计指标一样，我们对该指标也采用 52 周的计算期。如果计算框架超过这一长度，就显得倒推时间太远，也没有什么实际意义了。比如说，华尔街的很多证券分析师都采用 5 年期的收益-风险比指标，但我认为这太长了。5 年之前的股价变动和今天又有什么关系呢？那毕竟是很久之前的事了，它们完全发生在一个与今天的经济和市场环境完全不同的历史阶段，因而也不可能对今天的股票价格有什么影响。

按照我的计算，将最终得到"收益-风险比"的数字，并用于确定股票的动量级。收益-风险比适当的股票通常是风险较低的股票，这些股票往往能持续稳定地获得超额收益。这就是我们所寻找的高动量级股票。

每个周末，我们都要计算数据库中每一只股票的收益-风险比

---

①统计偏差，表示股票偏离其交易区间，即买卖幅度或成交价的变化幅度。——译者注

指标（如 α 系数、β 系数以及标准差等）。也就是说，我们要对近 5 000 只股票进行风险判断。只有每天的交易量超过 5 000 股，以及在过去 52 周内始终有交易记录的股票，才能进入我们的数据库，我们的计算对象不包括非流通股以及首次公开上市股。

为了让我们的组合始终拥有最好的股票，就必须随时监测风险收益等级的变化，不得有半点松懈。某些时候，你可能会发现股价在非常短的时间内飞速上涨，而股票风险则急剧恶化，在这种情况下，我们就必须抛售这些股票。曾经被我们视为优质成长型股票的能源类股票，就出现过这种情况。尽管股价仍然在继续上涨，但由于波动过于剧烈，以至于我们根本无法对其控制，因此，我们果断地出手这些股票。另外，某些股票价格则有可能因未实现盈利目标或因偶然事件的发生而下跌，随后才稳定下来，而此时的风险水平却低于跌价之前。

我衡量风险和收益的方法似乎有点与众不同：传统观念认为，市场是有效的，只有承担额外的风险才能获得超额收益。**但是我认为，只要盯住高 α 系数和低标准差的股票，在低水平的风险下也能实现超额收益。**这样，鱼和熊掌就可以兼而得之了。这种方法的独特之处，在于我们衡量标准差所采用的时间范围。我们发现，对这种按周的研究，52 周是最佳时段，原因很简单：股票市场本身就具有很多季节性特征，如"元月效应""5 月卖出就走开"热潮，以及假日促销等。应该补充的是，我们始终没有停止过对较长期（超过 52 周）和较短期（低于 52 周）的研究，而且这些研究以后也不会停止，52 周无疑是最能经得起时间考验的研究时段。

我当然知道你现在想什么："这对你而言自然是信手拈来，因为你本来就具有高等数学专业的高学历，而且又有极高的数学计算能力。"但你也许是学英语出身的，恰恰你的电脑又被女儿霸占，只要睁开眼睛，她就要守着电脑玩 Myspace 游戏，或是你 12 岁的儿子，在视频游戏"财富战士"中鏖战正酣，已经打到了第 903 级。那么，你应该怎样进行计算来确定投资组合中各股票的收益-风险比特征呢？最可能的答案也许就是——你不会做。

我们针对本书建立了一个公司网站，你可以分享我们的数据库，使用我们为你提供的统计指标。为了便于查找，数据库中的所有指标均按字母顺序排列。只要输入一只股票的代码，你就不仅可以看到我们的"8 个关键指标评定表"，还可以看到我们对每只股票确定的"动量级"：A 代表"强买"，B 代表"买进"，C 代表"持有"，D 代表"卖出"，F 代表"强卖"。

我并不想仅仅停留在对这些东西的研究上。我早已经迫不及待地想让你了解的，就是"收益-风险比"的强大威力，以及它怎样给你带来更大、更安全的利润。

挖掘基本面合理、吸引机构投资者买进的股票

有必要着重指出的是，在衡量收益或 α 系数的时候，我们所需要的，是那些具有真正 α 系数且价格变动完全独立于市场整体的股票，这样，我们的成功就不会过分依赖于市场大盘。某些时候，股价上涨完全是短期因素或是由华尔街的过度宣传和吹捧所造成的。这些股票并不是我们所需要的股票。我们的投资对象应该具有合理的基本面，进而能吸引机构投资者持续买进。你不妨

仔细揣摩一番这句话。根据投资公司协会（Investment Company Institute）的官方网站统计，仅美国的对冲基金就持有 100 亿美元可供支配的资金。交易型开放式指数基金（ETF）的可支配资金也在 10 亿美元左右。我们曾经提到过，股票市场上存在着不可避免的羊群效应。

当一只具有强大基本面的股票开始引起大基金的注意，并吸引他们用大量资金买进该股票的时候，股价就会表现出稳定的加速增长趋势。随着一只股票招来越来越多的关注，就会有越来越多的资金投资于该股票，所有这一切，都必将促使股价平稳增长。高 α 系数股票的一个重要特征在于，它能够在几乎完全独立于市场大盘变动的情况下为自己创造买进压力。对于这些大买家，只要他们看好哪只股票，不管市场波动多么激烈，他们都会义无反顾地买进。重要的是，即使市场下跌，我们的高 α 系数股票也会岿然不动，甚至会继续上涨。

当这个现象出现之后，股价就会呈现出极其稳定的加速增长趋势。我们认为，这类股票在本质上是非常保守的。当 eBay 和 Google 这样的股票开始步入价格上扬的通道时，很多专业人士认为它们具有极高的风险。

恕我直言，在这些股票开始上涨初期，在未成为 S&P500 指数成分股之前，不管是 2003 年的 eBay 还是 2005 年的 Google，我们的系统都表明，这些股票非常安全，都具有极其可观的买进压力，由此形成了较高的 α 系数和较低的波动性。这些股票在收益-风险比方面非常出色，因而被我们的系统评定为 A 级。

我们的研究还指出，无论是 eBay 还是 Google，当它们分别在

2003 年和 2004 年进入飞速上扬期时，除体现出良好的收益–风险比特征之外，在基本面上均具有较高的等级。因此，我们把各自处在反弹初期的 eBay 和 Google 划分为"保守"型股票。

随着反弹的加速，由于股票风险日益增加，它们的收益–风险比也开始逐渐弱化。这种情况通常出现在机构投资者对热门股的买进出现不稳定的时候，比如说，2004 年的 eBay 和 2005 年的 Google，就属于典型的例子，正因为这样，我们才把这两种股票的动量级下调为 B 级。在出现这种情况时，我们认为这样的股票属于"适度进取型"。最终，当 eBay 在 2005 年初开始下跌时，我们的系统马上将其重新调整为"进取型"，与此同时，其动量级也被下调为 C 级，继而又进一步下降至 D 级，最终被贬为 F 级。

这里曾经有一个非常有趣的故事：eBay 股票在 2005 年年初出现大跌的主要原因在于，麦格劳－希尔（McGraw-Hill）负责判断构成 S&P500 指数成分股的人员决定调低 eBay 及 S&P500 指数中其他最大的 99 只股票的权重，并抛出所谓"自由浮动指数"中的全部内部股。

从 2005 年的 3 月中旬到 9 月中旬，由于机构持续抛出而带来的卖出压力，迫使指数基金不得不相应调整其持股比例，从而导致 S&P500 指数中最大的 100 家公司业绩不断下滑。我们对其评定的动量级，也已经针对由 S&P500 "自由浮动指数"造成的机构卖出压力提出了警报。令人意外的是，与 eBay、高通（Qualcomm）及其他股票不同，Google 之所以没有受到 S&P500 "自由浮动指数"的影响，是因为在 2005 年 3 月中旬市场开始调整的时候，它还不是 S&P500 指数的成分股。到此为止，我希望你能更好地认识到股票的寿命周期，及其动量级在寿命周期内是如何变化的。对一只动量级为 A 级的保守型股票来说，随着机构买进压力日渐反复无常，股价的波动性通常也会变得越来越强，并由此被划分为动量级为 B 级的"适度进取型"股票。随着机构买进压力的消散，股票的动量级将被评定为 C 级。那些始终承受机构卖出压力的股票，一般只能被评定为 D 级或 F 级，并被划分为"进取型"股票。

我们还可以用另一种方法来说明股票何以最初被评定为 A 级，而后逐渐被下调为 B 级、C 级、D 级，甚至 F 级。假如你和朋友去参加鸡尾酒会。如果你的朋友喝一杯啤酒后就已经感觉飘飘然了，这时应该说是恰到好处，无论是步行还是开车回家，都不会有什么危险。如果喝 2 杯甚至 3 杯啤酒，他就可能会有点失态，言行举止不再正常，让人捉摸不透，那么恐怕你就得护送他回家了，或干脆没收他的车钥匙。如果他喝光了冰箱里的所有啤酒，而且还趁你不注意来了点威士忌，他就会酩酊大醉，举止变得越来越不正常，此时，他恐怕已失去走直线（相当于标准差）的能力。

作为一个发生在现实中的典型例子，2003—2005 年的 eBay 自然更具说服力。

2003 年 3 月，eBay 第一次进入我们的买进名单，成为我们投资组合的构成部分。它不仅在所有基本面上均具有较高得分，而且其收益-风险比也表明，这是一个异常难得的投资机会。

在我们的股票评级系统中，eBay 的股票一直都保持着 A 级水平。进入 12 月之后，随着卖出压力逐渐削弱，大量资金开始涌向 eBay 股票，使之在月初再次赢得 A 级评价。随着大型基金公司开始向 eBay 投资，其股价也一路飙升，真是风光无限，在 3 月再次出现下跌之前，股价在极短的时间内已经飞升近 40%，但是在 5 月之前，该股票一直保持为 B 级。之后，随着基本面因素持续超过市场预测，其股价在 2 个月之内再次上涨 25%，吸引了资金的大量回流。那些在组合中只考虑 A 级股票的投资者，则因投资 eBay 而享受着较为稳定的回报。同时持有 A 级和 B 级股票的保守型投资者，只需 2 年就能让他们的本钱翻一番。

然而随着 eBay 股票的等级不断下滑，我们建议投资者不再继续持有该股票，并迅速卖出我们自己手中现有的 eBay 股票。如图 11.1 所示，一旦股票转为 C 级，并最终跌落至 D 级，卖出压力取代买进压力，股价便开始江河日下，迅速下跌。

利用这些重要的量化工具，你可以在众多成长型股票投资者中脱颖而出。仅仅凭借基本面因素就拿着来之不易的钱去投资，显然远远不够，因为如果没有其他人买进股票的话，股价也许只能停滞不前，这岂不是让你在大家面前难堪吗？更糟的是，那些操纵主要市场指数（比如 S&P500 指数）的家伙，只需要胡乱摆弄一番，也许就可以使股价产生翻天覆地的变化。事实上，他们经常这样做，只不过你没有意识到而已。而高动量级则通常意味着机构的大量买进，因此，它对你的投资成功与否发挥着至关重要的作用。

你必须认识到，你无时无刻不处在收益-风险周期中的某一阶段，在这个问题上，eBay 是一个再典型不过的例子。可以说，eBay 给消费者的购物方式带来了一场革命，不仅能帮助几百万人处理自己的闲置物品，而且还可以给他们带来利润。因此，有些人甚至放弃工作，干脆到 eBay 上去卖东西。

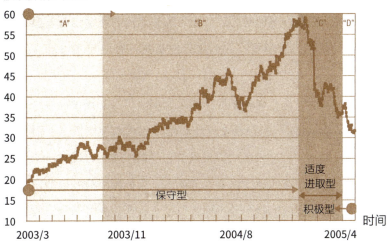

图 11.1　eBay 股票的寿命周期（2003—2005 年）

实际上，在全世界每个书店的经营类货架上，你都能找到关于"怎样在 eBay 上卖东西"的书。无可置疑，eBay 绝对是一家具有革命性的企业，如果麦格劳－希尔的投资者为了与 S&P500 指数保持同步，而减持 eBay 或增持 Google，就有可能让这些股票的价格起伏震荡。

　　不管你认为一家企业的实力有多强，持有这家公司的股票都有可能存在潜在风险。全世界的机构投资者都不能摆脱群体心理的束缚，当大型机构投资者因为忍无可忍而抛售一只股票的时候，恰好这个股票的收益-风险比又比较差，动量级也仅为 D 级，甚至是 F 级，那么你也许会感到世界末日就在眼前。

买进这样的股票，无异于面对迎面飞奔而至的西班牙奔牛！你会被愤怒的奔牛踩在脚下！

当大机构为锁定利润而抛售股票，或为季度报告而粉饰投资组合的时候，你最好退而避之。当强大的买进压力逐渐退却、股票开始遭遇大量抛售的时候，我们对其的量化评级也趋于下降。其原因在于，此时的波动性趋于上升，收益-风险比则倾向于恶化。

在任何情况下，你都不应该坐等抛出时机。在这个世界上，最糟糕的感受莫过于拥有 eBay 或高通这样出类拔萃的股票，而且股价又在翻番，但给你带来的只是痛苦。**随时关注一只股票所承受的买进压力及其相应的风险水平，你基本上就能判断应在何时出手这只股票。**只要能做到这一点，你就很少会在错误的时间抛出股票。

大师选股箴言

1. 收益–风险比适当的股票通常是风险较低的股票，这些股票往往能持续稳定地获得超额收益。

2. 股价在非常短的时间内飞速上涨，而股票风险则急剧恶化，在这种情况下，我们就必须抛售这些股票。

3. 只要盯住高 α 系数和低标准差的股票，在低水平的风险下也能实现超额收益。

4. 当大机构为锁定利润而抛售股票，或为季度报告而粉饰投资组合的时候，你最好退而避之。

5. 随时关注一只股票所承受的买进压力及其相应的风险水平，你基本上就能判断应在何时出手这只股票。

强势成长股 THE LITTLE BOOK THAT MAKES YOU RICH

强势
成长股

第 12 章

锯齿形投资法：
不同行业、不同类别，风险互补

为什么说同一类别公司，选取基本面最优秀的公司足矣，要学会搭配不同行业的股票？

为什么按锯齿形投资法配置 60/30/10 股票比例，能有效降低波动，实现平缓、稳定的回报？

The
Little Book
That Makes
You Rich

—— 约翰·博格 ——

《博格论指数基金》作者

THE LITTLE BOOK THAT MAKES YOU RICH

　　投资收益与投机收益之和等于股票市场总收益。尽管投机收益在绝大多数 10 年期内均对总收益产生了较大影响，但从长期来看，却几乎没有任何影响。

强势成长股

在用成长型股票构建投资组合时，我必须做的最重要的一件事就是控制组合的风险，或者说是限制 α 系数。在此问题上，我最得心应手的工具，就是被很多像我这样的数学怪物称为"协方差"（co-variance）的东西。

降低波动：持有谷歌，则有必要买进高盛

简单来说，我的目标就是要找到那些在价格变动上表现为交错变动、此消彼长的股票。在统计学上，我们用协方差来衡量两个独立指标之间随时间而表现出的相关性。在股票市场上，我们用协方差来描述两只股票在不同时段及不同类型市场环境中的相对变动情况。我把这种研究方法称为"锯齿形投资法"（zigzag approach to investing）。**具体而言，在我的投资组合中，我希望某些股票在随市场及经济状况变化而变化的同时，其他股票则做出反**

向变动，体现出交错变动的总体趋势。

既然我是一个靠数字吃饭的人，而且又是一个痴迷于计算和模型的怪人，那么我自然就会使用"最优化模型"帮助自己寻找那些与市场形成互动效应的股票。我在使用"最优化模型"时，首先要选取一组股票，在显示股价的计算机屏幕上呈现出一些弯弯曲曲的曲线。然后再计算怎么样以最优的方式来用这些股票构造一个风险最低的投资组合，即形成一个较为平稳的直线。

尽管计算能力是不可或缺的，但在现实生活中，大量的分析无不归结到这样一个常识：**一个组合应涵盖不同行业和不同风险类别，从而实现多样化投资。**

你在筛选和确定具有强势基本面和高收益-风险比的投资对象时，就需要通过一定的组合与匹配，从而选择最适于买进的股票。如果你筛选的很多股票属于同一行业，你就要从中选择最优秀的股票，然后再从其他对市场和经济环境具有不同反应的行业中挑选一组股票，从而在风险上形成互补。

在我们的数据库中，最让我们引以为豪的股票是美洲电信。美洲电信一直是表现得最出色的股票之一。它还将在未来一段很长时间内继续保持这种优异的势态。美洲电信主要受拉美经济形势，尤其是无线通信行业的影响。从图 12.1 中，我们可以看到，尽管其股价波动性较强，但始终保持着稳定增长的态势。

我们的数据库发现的另一个黑马是斯伦贝谢，这是一家从事石油服务的法国公司。影响该股票价格的主要因素是石油勘探和钻井的进展情况，以及与油价有关的地质发现。图 12.2 显示了该股票在 2006 年价格的变动趋势。

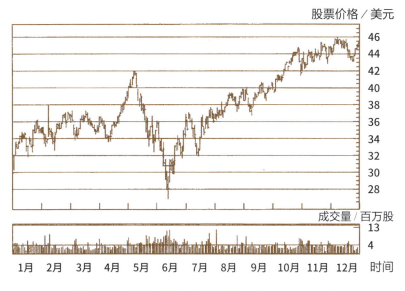

图 12.1　美洲电信公司的股价走势（2006 年）

资料来源：IDC/Exshare。

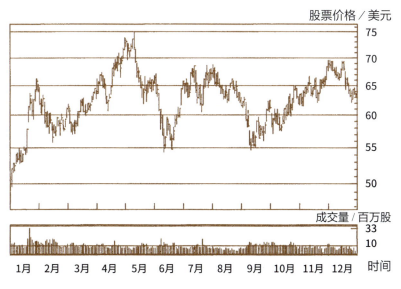

图 12.2　斯伦贝谢公司股价走势（2006 年）

资料来源：IDC/Exshare。

最后，我们再来看看图 12.3，Google 在过去几年里最引人注目，也是最成功的技术股。影响这只股票价格的主要因素是研究行业的变化，以及互联网广告流量。受技术股相关事件的影响，Google 的股价在以往几年内表现出与其他两只股票相同的波动性。

如果你只盯着个别股票价格的频繁变动，那么它也许会让你坐立不安、提心吊胆，像某些财经电视台主持人那样喋喋不休。所有这一切也许很有趣，但绝不是让你致富所必需的。我们不妨以这三个高收益、高波动的成长型股票为例，并把它们视为一个组合。

如图 12.4 所示，在把这些股票构建为一个组合的情况下，由于它们在不同时点的方向完全不同，因此，组合的总体价格线比其中任何一只股票的价格线都要平稳。这几只股票构成的投资组合，以及由此而形成的更为平稳、波动性更小的价格趋势线，正是我们所期待的，也是能给我们带来财富的源泉。

当你构建起一个即将带领自己走上致富之路的股票组合时，一定不要忘记我们的锯齿形选股法则。要想方设法对股票进行有效的组合和匹配，让你的组合尽可能免受市场风险的干扰。例如，如果你的组合包括一批零售股，而且这些股票在经济走强时往往会有更出色的表现，那么你要想办法找几个在经济衰退时仍岿然不动的股票。此时，医药、公用事业和食品类股票也许就是你的选择。

不管怎么说，**你一定要坚持成长型股票投资的基本原则：寻找不同行业的股票**。这样，你就能为自己构造一个锯齿形投资组合。这里有一个前提：**你选择的股票必须具有强大的基本面特征和优异的动量级**。比如说，影响技术股的条件完全不同于影响金融股的条件，如果持有 Google 的股票，那么你也许还有必要买进高盛

股票价格／美元

图 12.3　Google 公司股价走势（2006 年）

资料来源：IDC/Exshare。

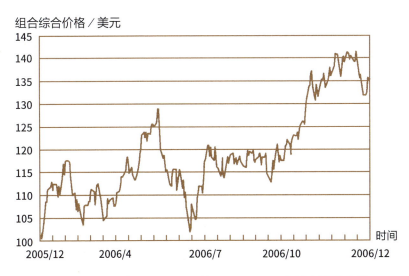

组合综合价格／美元

图 12.4　美洲电信、斯伦贝谢和 Google 组合综合股价走势
（2005 年 12 月—2006 年 12 月）

集团的股票，这样你就能更好地实现锯齿形交错变动效应。利用我们的数据库，无论是 Google 还是高盛，它们都具有能在 2007 年中期战胜市场的优秀基本面特征和动量级，但对市场和经济条件的反应大大不同。在这种情况下，两者相互交错、相互抵消，从而有效地降低了整个组合的波动性。

60/30/10 持股比例，获取稳定回报

如果你能熟练运用微软 Excel 表格的话，你就可以轻而易举地确定两只不同股票的相关性。你可以轻松地把"雅虎财经"中的价格数据下载到这样的表格中，最关键的是，这些数据完全是免费的！我还有一个更好的办法教会你一个使用最优化模型的捷径。在利用这个模型建立风险最小、回报最高的组合时，我们的组合结构往往是这样的：60% 的保守型股票、30% 的适度进取型股票和 10% 的进取型股票。每个月，我都要用这种方法对买进清单进行筛选。

这个 60/30/10 的组合比例总能带来更平稳的回报。在我们的公司网站上，你只要点击每只股票，就可以得到有关这只股票的详细资料，除此之外，它还能告诉你，某只股票依照其波动性是属于保守型、适度进取型还是进取型。

在我的锯齿形选股法则中，另一个方面就是寻找并在组合中持有我所说的"绿洲股"（oasis stock）。这些股票往往能在市场大盘和全球股市大跌时继续保持良好的业绩。我喜欢持有一些具有良好基本面和动量级的防守型股票，因为在出现政治危机或国际局势紧张的情况下（比如说伊朗核危机），它们依旧能有与众不同的

出色表现。食品和烟草股票就往往能在经济形势长期衰退的情况下继续保持坚挺。支付高股利并满足其他标准的股票，也在熊市中有上佳表现，尤其是在颁布股利税收减免条例之后，这一特征被体现得更为淋漓尽致，因为大多数股利只需要缴纳 15% 的联邦所得税。我把这些股票称为"绿洲股"，是因为它们能在形势恶化或牛市热潮退却时，仍然值得我们关注。在我推荐的组合中，始终要持有几只这样的绿洲股，以确保在整个市场下跌的时候，我的组合能逆市上涨。

要维持稳定的投资回报而不会受累于额外风险，最重要的手段之一，就是分别按 60/30/10 的比例来配置保守型股票、适度进取型股票和进取型股票。在股票市场趋于下跌的时候，富有弹性的 60% 的保守型股票，在弥补进取型股票的弱点之后，还能为整个组合带来收益。

在股市趋于平稳的时候，我们也能通过风险类型的合理搭配，实现平缓、稳定的回报。在股市高涨时，组合中进取型股票将扶摇直上，因此，它们对整个组合盈利的积极影响必将远远超过其在组合中所占有的比例。此时，即使是适度进取型股票，其收益率也应该要超过市场大盘。这个 60/30/10 组合的诱人之处在于，组合中的各股票之间相互补偿、相互抵消，从而为我们创造出更高、更稳定的回报率。

在股市形势一片大好的时候，三种类型的股票都能实现不菲的收益。但是在其他情况下又会怎样呢？这恰恰是 60/30/10 分配比例的优势。市场越是起伏不定，就越能显示出组合中高 α 系数股票的优势，尤其是我们的绿洲股，将成为整个组合最有力的保护神。

在你的成长型股票组合中，通过合理分配不同类型的股票而达到相互抵消、相互补偿的目的，归根到底就是让我们的股票因其出类拔萃的基本面指标，以及由其高动量级创造的机构买进压力而得到应有的回报。即使是在股市疲软的情况下，大型基金公司也可以利用其充足的资金达到这一目的，而所有这一切，最终都将体现在高收益-风险比之上。只要能让我们的股票在不同行业和风险水平上实现充分的多样化，再辅之以一些绿洲股，我们就可以充分利用股票市场的无效性。

我们都不会忘记，20 世纪 90 年代末，很多投资者都曾经孤注一掷地把赌注押在一种异乎寻常的技术股上，甘愿承担无比巨大的额外风险，让技术股主宰着他们的投资组合。

很多年轻的基金经理对技术革命笃信不已，他们毫无理智地在波动性极强的技术股上投入了大量资金，导致高进取型股票在整个组合中的比例严重偏高。

即使是较为中庸的保守型基金中，技术公司的名字也多得让人透不过气，他们却丝毫没有意识到，自己所做的，是在为高 α 系数组合打造一个彻底错误的 β 系数，或者说，对市场自身的收益做出了错误估计，因为真正的高 α 系数源于出众的基本面指标和实实在在的机构买进压力。

大师选股箴言

1. 在我的投资组合中，我希望某些股票在随市场及经济状况变化而变化的同时，其他股票则做出反向变动，体现出交错变动的总体趋势。

2. 你一定要坚持成长型股票投资的基本原则：寻找不同行业的股票。

3. 我喜欢持有一些具有良好基本面和动量级的防守型股票，因为在出现政治危机或国际局势紧张的情况下，它们依旧能有与众不同的出色表现。

4. 要维持稳定的投资回报而不会受累于额外风险，最重要的手段之一，就是分别按 60/30/10 的比例来配置保守型股票、适度进取型股票和进取型股票。

强势成长股

THE LITTLE BOOK
THAT MAKES YOU RICH

第 13 章

好股票也要分级，
优中选优构建成长股名单

得益于计算机和互联网，我们可以随时随地查阅大量上市公司的信息，如何从上千只股票中，选中符合要求的股票？

很多操盘手都有止损和止盈的设置，而对成长型投资者而言，为什么这两个指标变得不太适用？

克里斯托弗·布朗

《价值投资》作者

THE LITTLE BOOK THAT MAKES YOU RICH

价格不断上涨和下跌，这是市场上永恒的主旋律。关键的问题在于，当股市继续上扬的时候，你手里拿着正确的股票。这就像那些狂热的彩票迷们一样，只有去参与才有可能成为幸运儿。

强势成长股

下面我们再来探讨一下如何寻找让你战胜市场的成长型股票。我们所需要的股票应该在每个基本指标上都有优异的表现，能为我们带来无穷无尽的现金，并已经为机构所关注。这听起来似乎很简单，然而，要列出这样一个候选股票名单却远非易事。但只要费点气力，更有可能挨累受苦的就是你的食指，因为这项工作需要你查阅大量资料，点击鼠标也就很常见了，也许就能让你如愿以偿。

计算机技术，筛选数据的强有力引擎

20 世纪 70 年代，当我最早开始分析和挑选股票的时候，能得到的基本面信息和价格数据非常有限。当时，收集和录入数据绝对是一件枯燥乏味的苦差事。更糟糕的是很难找到合适的计算设备，对这些数据进行处理和计算。在这一点上，我特别要感激富国银行，尽管它只需要免费的学生劳动，但对我非常宽容，这样，我才有机会疯狂地摆弄它的计算机主机。

今天，查阅信息已经不再是什么难事，我们可以随时随地获得大量信息，然后从不计其数的股票中，找出我们所寻找的股票，以此来体现我们所期待的指标。对于你今天手头所具备的计算能力，即使把我们当时的全部计算机加在一起，也难以企及。互联网的出现更令你如虎添翼，让你不费吹灰之力找到自己所需要的信息。多年以来，联邦法规也发生了巨大变化，因此，我们获得信息的速度几乎可以和企业发布信息的速度完全同步。

在此情况下，我们的研究工作就是搜索那些具备优质成长型基本特征的股票。搜索的方法无非是通过计算机操作，在 5 000 只左右的股票中，筛选出那些具备合理基本面指标的股票。例如，MSN、CNNMoney 以及"雅虎财经"等网站，都可以为我们提供易于操作的免费的股票搜索引擎。

通过这些网站的筛选，你可以发现，证券分析师提高了哪些股票的盈利预测、哪些公司的收益超过盈利预测、哪些公司的销售收入正在快速提高等诸如此类的信息。你既可以每次只搜索一个指标，也可以同时按多个指标进行搜索。

你可以用这些筛选程序试验，看看每个搜索结果中会出现哪些类型的股票。作为一个例子，我曾经按多个指标的不同组合和比例，试用过某个主流股票搜索程序。我发现，按照销售收入年增长率超过 20%、年收益增长率超过 20%，以及盈余惊喜超过 5% 这几个标准进行筛选的话，最终可以得到 260 只符合要求的股票，而其中的很多股票都被包含在我所推荐的组合中。如果把筛选条件限制在连续两季度出现盈余惊喜，并且至少有一名证券分析师提高了盈利预测的话，最终的搜索结果就只剩下 30 只更有实力的成长型股票了。你也许会看到，只要同时按几个指标进行筛选，你就可以得到一个成长型股票的胜利者名单。

从搜索得到的这 30 只股票开始，再点击其中的任何一只股票，我们就可以以公司报告形式得到更详细的财务信息。

从销售收入，到营业利润，再到盈利预测，呈现在你面前的是各种各样的数据，从而让你更深刻、更全面地认识和剖析我们所总结的 8 个关键指标。

在公司的报告中，我们还能够了解到公司到底有多少自由现金流。如果这家公司的自由现金流不够，就从你的清单中删去这家公司，再看看下一家公司如何。报告还可以告诉我们，公司的营业利润是否在逐年增长，以及证券分析师的盈利预测体现为何种趋势。由此，我们可以对每个指标逐一进行检验，看看我们初步圈定的这些成长型股票能否经得起考验。

在检验了关键指标之后，我们要继续考核这些股票的量化等级指标。在哪里能找到这些数据呢？如果你是一位数学家的话，自然就手到擒来了。即使你是数学的门外汉，你也不必担心：我向你保证，绝不会把你扔在一边置之不理，你只要看看我们用来选择股票的数据库，一切便迎刃而解了。我在前面曾多次向你提到过我们的数据库，你肯定会注意到，数据库的界面简便、易用，具有超级友好的用户接口。在你迫不及待地登录我们的网站之前，还是有必要学学怎样操作为好。

举个例子，假如你进行筛选后得到的候选股是苹果公司、谷歌和埃克森美孚。此时，你只要在数据库的界面上（版本名称为

"PortfolioGrader Pro")输入各公司的"对勾"符号，就可以得到如表13.1所示的图像。

表 13.1　苹果公司、谷歌和埃克森美孚公司（XOM）的股票评价

综合基本等级：B	苹果公司股票报告	谷歌股票报告	埃克森美孚股票报告
整体股票评级	A	B	B
定量评级	A	B	A
资金评级	B	A	B
销售额增长	B	A	F
营业利润率增长	B	A	B
盈利增长	A	A	B
盈利动量	B	C	C
盈余惊喜	A	A	B
分析师盈利预测调整	A	A	B
现金流量	C	C	B
权益报酬率	A	A	A

注：A＝强力买进；B＝买进；C＝持有；D＝卖出；F＝强力卖出。

你可以看到，各股票的评级结果以字母形式表示，分别是 A（强买）、B（买进）、C（持有）、D（卖出）以及 F（强卖）。由于我们已经对 8 个关键指标逐个进行了清晰的讲解，因此，你可以验证各股票在基本指标上的强弱。此外，你还会看到一个"综合基本等级"（combined fundamental grade），它表示一只股票在综合了各

基本指标之后的基本等级。经常有人问我："一只在几个指标上被评为 C 级的股票，为什么会得到 B 级的综合基本等级呢？"不要忘记，在证券市场上，唯一永恒的词汇就是变化。在不同时点，某些指标被赋予更高的权重，因为此时此刻的它恰恰主宰着华尔街证券市场的跌宕起伏。

到此为止，我们还没有提及这个致富公式中的真正财神——动量级，见图 13.1。因为只有它，才能衡量一只股票所承受的买进压力。之所以说它对我们是至关重要的，**不仅仅是因为它能验证我们所圈定的股票是否正处于买进压力之中，更重要的在于，它最终决定了我们是否应该买进这只股票。**

现在就像我对你做出的承诺那样，我们将一同把这些零碎的东西融为一体，看看这个神奇的公式到底是什么样子。要最终确定是否买进或卖出某只股票，就需要我们计算出这只股票的"综合股票等级"（total stock grade），在计算该指标时，我们分别以 30% 和 70% 作为基本面等级和动量级的权重，然后取其和作为综合股票等级（综合股票等级 = 基本面等级 × 30%+ 动量级 × 70%）。只有它才是决定性的标准，有了这个结果，你就不必再漫无边际地猜测，去决定到底在某个时点应该买进、卖出或持有某只股票。

现在，我们再次回到前面提到的苹果公司、谷歌和埃克森美孚。看看图 13.1，我们就会发现，在输入这些股票代码的时候，苹果公司的操作状态显示为"强买"，而谷歌和埃克森美孚则均为"买进"。这些股票目前的评级情况如何呢？只要进入我们的"PortfolioGrader Pro"，你就可以找到答案！

还有几个重要问题需要我们澄清。现在你已经了解到如何寻找出色的股票，并对股票的买进 / 卖出 / 持有建议有了更清晰的认识。即使你已经找到自己心仪的优质成长型股票，也没到万事大吉的时候，因为同样重要的是怎样把这些股票融合为一个最优化的组合。

多年以来，我花费了大量的时间研究什么比例最有利于优化投资组合。由于个人风险偏好不尽相同，某些人也许比其他人愿意承担更大的风险，因此，我建议首先从 60/30/10 的结构比例出发说明。具体而言，在一个投资组合中，60% 应该投资于保守型股票，30% 投资于适度进取型股票，10% 投资于进取型股票，这是你在不必承担额外风险的情况下获得稳定收益的最优化比例。在我们的"PortfolioGrader Pro"程序中，只要点击任何等级股票下的"股票报告"（stock report）链接，你就会看到报告顶部标示的"风险类别"（risk category），见图 13.2。

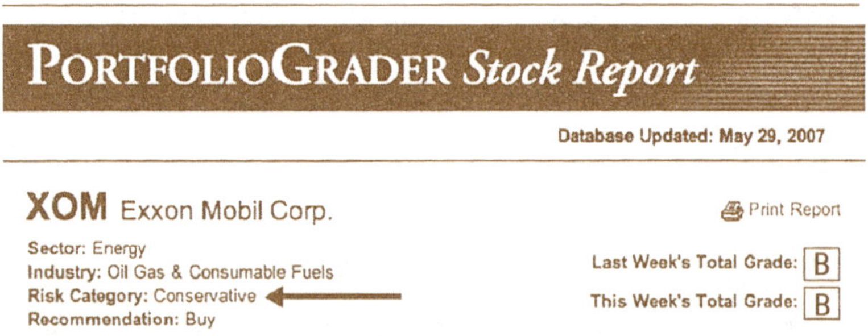

PORTFOLIOGRADER *Stock Report*

Database Updated: May 29, 2007

XOM Exxon Mobil Corp.   Print Report

Sector: Energy
Industry: Oil Gas & Consumable Fuels   Last Week's Total Grade: B
Risk Category: Conservative ◀   This Week's Total Grade: B
Recommendation: Buy

图 13.2　如何判断该档股票是保守型、适度进取型还是积极型

保守型股票的买进压力最为稳定，波动性要弱于进取型股票。显然，在这个最优化结构中，它们应始终占据主导地位，占有 60% 的比例。

对于最高分配比例可达 10% 的进取型股票，尽管它所对应的是风险更高的股票，但在股市大盘上扬时，有可能飞涨到让人不可思议的地步，进而给你带来意想不到的收获。在股市大盘下跌时，60% 的更为保守的股票可以弥补进取型股票带来的损失。我认为你的组合至少应包括 12 只股票，只有这样才能有效规避个别企业带来的风险。同时我还建议，**投资于每只股票的资金应始终保持相同，而不是在主观臆断的基础上，随意调整对各股票的投资比例。**

假设你总共为自己找到了 15 只股票，所有股票的"综合股票等级"均为 A 级或 B 级。你的目的就是选择 9 只保守型股票、4 只适度进取型股票和 2 只进取型股票。切记我们在前面提到的锯齿形效应，一定要在不同行业、不同门类中挑选价格变动方向互不相同的股票进行组合和匹配。

你现在需要知道的，就是怎样找到具有 A 级和 B 级的股票，以及如何用它们构造一个最优化的投资组合。大多数投资者马上会向我提出这样一个问题："在购买股票的时候，你有什么具体的建议吗？"如果税收影响很大，而且你又是以获得长期（比如说超过 12 个月）资本利得为目的而进行投资，那么我建议你买进 A 级和 B 级股票。

必须记住的是，为了实现长期资本利得（即使这些股票的评级下滑至 C 级），你也必须要继续持有这些股票。A 级股票通常只能在 4—5 个月之内维持其 A 级评级，而 B 级股票则能在很长一段时间内维持其原有等级。在我负责的投资通讯中，两个组合需要考虑到长期资本利得，我们始终在组合中保持一种 C 级股票。这倒没有什么值得担心的，因为这只 C 级股票的投资建议是"持有"，而不是"卖出"，这中间的差别显而易见。即使是基本面超强的股票，有时候也会一蹶不振，并在出现强势反弹之后暂时下滑至 C 级。

基本面良好的股票设止损点，是无效行为

投资者还经常问道，他们是否应该采用"止损"措施（stop-loss）。由于每个月的股价都难免会大起大落，因此，很多投资者认为，他们可以通过"止损"措施降低投资风险。也就是说，与你的经纪商签订委托书（standing order），一旦股票下跌到预定价格，经纪商就自动抛出这些股票。假如你是一位长期投资者的话，我的答案是"不"，而且是绝对不要这样做。对长期投资者而言，我是强烈反对他们采用"止损"指令的。"止损"对长期投资者来说是无效的，因为它们往往在市场出现暂时下跌期间，诱使你放弃组合中的优质股票，而且经常会让你无法实现长期资本利得。

试想一下在"9·11"事件后股市大跌期间抛售股票的那些投资者。今天，他们也许只能叫苦不迭、捶胸顿足地自责了。在我的长期投资组合中，我希望能降低税收影响，而"止损"措施尽管会让这变得可能，但又会让我的努力大打折扣。即使是对于一只已持有 11 个月 28 天的股票，止损性委托书也会让原本只需要承担 15% 税率的潜在资本利得，变成需要承受更高税率的短期投资。

因此，规避市场和个股风险的最佳手段，就是用事先选择的优质股票，按照我们的 60/30/10 比例构建一个充分多样化的组合。即使出现短期波动，这些具有超级基本面和强烈买进压力的股票，

也会迅速反弹，尤其是在进入收益期之后更是如此。

如果你总是热衷于 CNBC 的消息，而且喜欢频繁交易，那么你最好还是使用某种止损系统。实际上，在我的每周交易服务系统中，我也采用了止损操作。此时，我需要根据一只股票的基本波动性（即标准差）计算该股票的止损价位，这就是我设定每周止损价位的方法。所以说，你务必要谨慎地确定一只股票的止损价位。如果设置的标准过于苛刻，到头来，你也许只能自寻烦恼，在频繁的交易中变得焦头烂额。

还有一点需要补充的是，在任何情况下，我都不建议对零星交易股票采用止损系统。由于这些股票往往表现为停滞与跳跃相交错的趋势，它们的变动更像兔子那样，停停走走，因此，很难进行交易。图 13.3 描绘的 DXP 企业股票，就是一只典型的兔子股。

图 13.3　DXP 企业的股价走势（2006 年 6 月—2007 年 5 月）

资料来源：IDC/Exshare。

你能否想象到交易这种股票到底有多难吗？所以说，你唯一能做的，就是买进并持有这种股票，然后坐等其潜在增长带来的诸多收获。不要一意孤行，更不要直来直去，要学会曲径通幽。因此，一定要学会迂回，以锯齿形思维去认识问题。只要能做到这一点，收益永远都会向你招手。永远和平缓、稳定的成长型股票为伍，这就是你无往而不胜的秘诀。

按估值预测或股价形态设止盈点，是自我欺骗

我想补充的是，我从来不为自己推荐的股票设定一个长期价格目标。我的四个投资通讯及交易服务中都设置了"买低"（buy-below）的价格底线，我就能避免在股价波动过大并超过合理界限时买进这些股票。我个人认为，按照某些估值预测或图表点位设定价格目标，对投资大众来说是极其不负责的，完全是一种油嘴滑舌的欺骗。在今天的股票市场上，几百万投资者以及几十亿美元的资金在全球市场上奔波游走，因此，如果有谁说能准确预测这些资金将如何运动，以及他们能将股价推到何等高度，那绝对是无稽之谈。任何人都不可能准确预测这些资金到底将何去何从，股价到底能涨跌到何种地步。

如果能找到一个具有良好基本面的公司，我们就可以说，这只股票极有可能展现出优异的成绩。我们就应该继续持有该股票，直至基本面开始恶化或买进压力开始减弱为止。在我从事这个行业期间，我选择的优质股在价格上已经涨了 1 倍、2 倍，甚至是 10 倍。但毫无疑问，我至今还没找到预测这些股票到底能涨到多高的

办法。此外，假如我挑选一只股票后，然后就迫不及待地到彭博、CNBC 或是 Fox 上去查询，设定一个比当前交易价高 2 倍或 3 倍的目标价，大家肯定会认为我在胡说八道。

什么时候出手股票才恰当呢？尽管我们已经对买进股票谈了很多，但知道什么时候出手股票应该是同等重要的事。与前面提到的方法一样，只要把一只股票的代码输入 "PortfolioGrader Pro" 程序，如果显示的等级是 D 级或 F 级，那么这就是你该卖出这只股票的时候了。切莫让情绪左右自己的判断，斩钉截铁地卖掉这些股票，接着寻找更好的投资对象，因为卖出一只股票就意味着买进更优股票的时机到了。

继续持有 D 级或 F 级股票的风险，要远远超过它们可能带来的潜在回报。因此，你需要随时跟踪监测自己的股票组合。绝不要爱上手里的股票，对它们痴情难改、一往情深。

我经常听到有些投资者如是说：他们舍不得卖掉曾经给自己带来辉煌和丰收的股票。他们很想把这些股票永远地留在手里，或是不希望对这些资本利得纳税。

首先，目前的资本利得联邦所得税率仅有 15%。在这些股票变成失败者之前，缴点所得税，总比少缴税却赔钱要好得多。

其次，股票永远也不会像你那样以爱还爱。它们只屈服于基本面因素和卖出压力。对股票来说，浪漫的情怀或是一厢情愿的温情都是无济于事的。

这绝对是这本书中最重要的一个章节。我已经向你说明了认识基本指标和量化公式的基本方法，并向你介绍了一些基本工具，以便于帮你寻找能带来超常成长机会的股票。

尽管投资并不简单，也绝非难事，其实它所需要的，不过是每周花上几个小时，搜罗一下新想法，检验一下你的投资组合。虽说还有很多东西需要你不断跟踪，但不管怎么说，作为一名成长型股票投资者，你现在已经掌握了最基础的起步工具。寻找出众的股票，并用它们构造一个完美的组合，定将让你的回报与日俱增。

大师选股箴言

1. 我们所需要的股票应该在每个基本指标上都有优异的表现，能为我们带来无穷无尽的现金，并已经为机构所关注。

2. 我们可以对每个指标逐一进行检验，看看我们初步圈定的这些成长型股票能否经得起考验。

3. 在一个投资组合中，60% 应该投资于保守型股票，30% 投资于适度进取型股票，10% 投资于进取型股票，这是你在不必承担额外风险的情况下获得稳定收益的最优化比例。

4. 对长期投资者而言，我是强烈反对他们采用"止损"指令的。

5. "止损"对长期投资者来说是无效的，因为它们往往在市场出现暂时下跌期间，诱使你放弃组合中的优质股票，而且经常会让你无法实现长期资本利得。

强势
成长股

THE LITTLE BOOK
THAT MAKES YOU RICH

第 14 章

量子股票：
高动量、八大指标均在前 20%

量子股票是市场上的超级明星，可以时刻给我们带来收益惊喜，如何才能从上千只股票中选中名副其实的量子股票？

在熊市中，量子股票能逆势上涨，如何才能捕捉股票业绩周期中最美好的这一瞬间？

———— 帕特·多尔西 ————

《巴菲特的护城河》作者

THE LITTLE BOOK THAT MAKES YOU RICH

　　高资本回报率对竞争对手的吸引力，就如同花粉对蜜蜂的诱惑一样不可抗拒。而这正是资本的本质——永无止境地去寻找能带来更高回报的财富天堂。

强势成长股

我管理投资组合的目的，在于为投资者创造值得期待的长期税后回报。某些投资者却喜欢更激进的投资，不太在乎税收的影响，以及频繁交易的成本。你也许能想象得到，管理这样一种组合肯定更劳神。如果你喜欢频繁交易，而且又不在乎税收，那么我同样为你设计了一种主动交易型策略。尽管该系统的交易频率明显高于我们的常规账户，但绝不是你想象中的那种日交易型体系。

我们曾经计算过，如果采用这种交易方法，那么你的账户至少应保持 20 万美元的资金。如果能满足这些指标的话，那么这将是迄今为止我们所发现的最有效的投资方法之一。

量子股票：在最严重的熊市，收益率仍超 50%

数字和股票市场一直让我为之痴迷陶醉，我把自己的绝大部分时间都花在了对这些问题的研究上，我唯一的追求就是想方设法用数字和量化指标来提高股票投资的业绩。几年以前，就在随意研究和查阅手头资料的时候，我无意之间发现了一个惊天秘密，尽管目前来看它是如此显而易见，但在当时没有引起过我们的注意。

我们发现，在动量级上能达到 A 级，并在所有基本指标上均能排在前 20% 的股票，就是股市上名副其实的超级明星。与我们在常规条件下挑选的税收优惠型股票相比，这些与众不同的股票在交易上要频繁得多，同时其回报率也极为可观。

市场大盘似乎对这些股票也没有什么影响；它们一直保持着平稳的增值，好像大盘根本就不存在一样。1998—2003 年这一时期包含了"大萧条"以来最严重的熊市，但这些股票的同期回报率依然超过 50%。在我们的数据库近 5 000 只股票中，它们始终位列收益率最高的前 1%，无论是从前还是现在，它们都是不折不扣的超级明星。

图 14.1 描绘了我所说的"量子股票"1998—2006 年的市场表现。它们不仅一直呈现出直线上升的趋势，总回报率也达到了令人难以置信的 1 552%。更重要的是，我相信这条近乎垂直的上坡线肯定会给你留下深刻的印象。更让人不可思议的是这些"火箭股"并不像我们想象的那样起伏跌宕。要通过这些高度进取型股票获取非凡的回报，确实需要更多的交易。

实际上，如果一只股票在基本指标排名中跌出前 20%，就应该立即脱手。此外，我的"量子股票"不仅在基本面上都是 A 级，而且在动量级上也都达到了 A 级或 B 级，这就保证了这些股票始终不乏强大的买进压力。换句话说，一旦某只量子股票在基本面上跌至 B 级，或是在动量级上下滑到 C 级，一定要马上对其清仓，绝不犹豫，绝不后悔。自然这会提高换手率，但由于收取超低佣金的经纪商比比皆是，因此，交易成本会非常低，以至于根本就不会像以前那样对原有业绩造成严重影响。

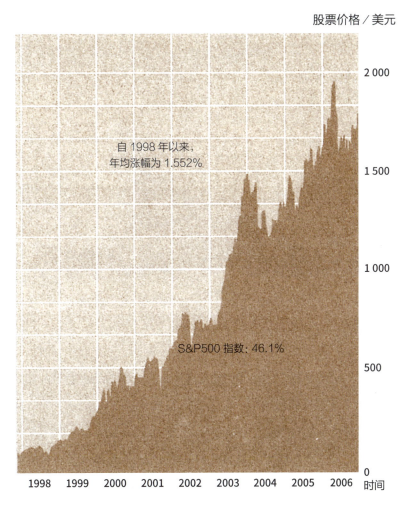

图 14.1 "量子型成长股票"与 S&P500 指数的收益率比较

资料来源：IDC/Exshare。

我之所以对"量子股票"情有独钟，是因为它们能够充分地利用"罗切斯特医疗"（Rochester Medical）之类股票的"甜蜜点"，此时这些股票不仅能受益于巨大无比的买进压力（即较高的动量级），而且这些企业也正沉浸在难以置信的销售额和收益同时增长的幸福旋涡之中。图 14.2 显示了我们在买进压力放缓后卖出"罗切斯特医疗"时的价格变动情况。仅仅在 2 个月之内，我们就锁定了 51% 的回报率。

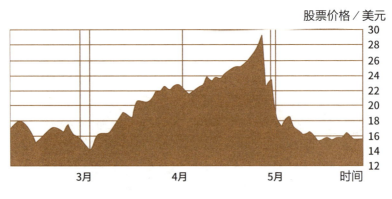

图 14.2　罗切斯特医疗的甜蜜点

这些"量子股票"是我们数据库中当之无愧的超级明星。在我筛选的不计其数的股票中，它们就如是 NBA 中的迈克尔·乔丹和高尔夫球场上的"老虎"伍兹。

在我们这个数据库的近 5 000 只股票中，在基本面以及机构买进压力方面的卓越表现，使它们始终位列收益率最高的前 1%，更让它们有了二次爆发的机会。一旦进入收益期，这些股票在每个季度都能让我激动不已，它们所带来的收益，绝不亚于任何在基本面上表现出众的绩优股。**买进量子股票，就相当于为我们构筑起一道坚实的堡垒，任凭市场起伏飘摇，都能做到巍然屹立，更重要的是，它们最坚固。**

寻找不随大盘，可能出现在任何行业的量子股票

管理一个量子股票组合自然有其特殊之处，而且注定要花费更多的时间和精力。特别是在这些股票中，有些是交易量很有限的小盘股。我主张你在买进这些股票的时候采用限价指令。当股票价格精确到美分的最小交易单位时，这样就缩小了很多小交易量股票的买卖价差。

日趋缩小的买卖价差往往会造成更大的波动性。由于交易商并不自营股票，因此，可交易股票数量的减少，必然会导致很多零星交易股票的价格对交易量极为敏感。目前，大多数交易活动都是通过相互联网的电子网络进行的，如 Instinet（英国路透社集团控制的电子股票交易网）。在市场上，不够谨慎地卖出指令往往会清空可供出售的股票存货，由此导致股价迅速飙升。因此，要得到中意的股票，你就需要付出比以前更高的价钱。

电子化市场的一个优点是你可以按最愿意支付的价格，设定略高于市场价格的限价买进指令。因此，你的指令将按较低价格予以执行，而不需要出价一定要达到买进限价才能执行。如果你打算采用这种策略，我就要建议你将实际执行价格限定在不超过当前价格 25 美分的范围内。

限价指令的一个主要缺陷是在个别情况下，由于股票价格反

弹过快，可能会迅速超过指令设定的价格，你就无法买进自己想得到的股票。

如果你有足够耐心，为了完成买进而甘愿等上几天的话，那么，股价迟早要回落到你愿意支付的价位上。因此，我极端讨厌"痴情追求"股票。某些时候，如果这些股票的交易量越来越小，而且价格的波动越来越强，我们反倒应该避而远之。在绝大多数情况下，只要你有足够耐心，精心设定限价指令，就都能以你心目中的预期价位得到自己期待的股票。

在交易"量子股票"的时候，我还建议你采用一种心理止损法。 在某种股票达到你心理上的止损点时，MarketMatch 和"雅虎财经"等绝大多数股票监测服务都会向你发出警报。还有一点需要补充的是，很多量子股票都在纳斯达克上市，而纳斯达克根本就不接受止损指令。

每周，我们都要根据各量子股票的价格波动计算新止损点。我之所以不主张你设定真实的止损指令，是因为某些居心叵测的专业投资商或交易商，会想方设法地人为打压股价，从而使所有限价止损指令归于无效。

心理止损点的好处在于，那些不仁不义、财迷心窍的人，永远也无从知晓它到底是多少。**尽管我们对自己管理的量子股票很少采取止损措施，但心理止损法能给我们带来额外的保险，尤其是在股市出现突然回拉的情况下，更是如此。**

在市场进入漫长的下跌期时，利用止损方法还可以在短时间内迅速筹集现金。不要忘记的是，如果你能找到 15 只或更多的量子股票，那么最好把回收的现金再投资于新的股票。我们的研究表明，无论市场涨跌，由量子股票构成的多样化投资组合大多都能实现可观的收益。

我在前文曾说过，作为长期的成长型股票投资者，我非常不赞成采用止损指令，因为它经常会迫使我在错误的时间卖出手里的好股票，以至于无法实现长期资本利得。这并不适用于我们的"量子股票"操作模式。我们的交易策略是，只有这些股票处于基本面周期中的最美好阶段，并且始终享受着机构买进压力的时候，我们才能持有这些股票。在此基础上，我们再针对这类股票使用止损技术。大多数投资者按原始买价的一定百分比（比如说 7%）设定自己的止损现价。但是，我们设定的"量子股票"止损点，则以各股票每周的价格变动为基础。**在股价波动性增强、风险增大的时候，你就不至于在非必要情况下执行止损指令**。看看一只股票的周平均交易量，就可以让你更清楚地认识到，多大的波动性才正常，同时，还有助于你为自己的止损指令设定合理的价位。

这么多优势的结合却不会招致不必要的风险，这正是量子股票带给我们的快乐。发现这些"超级股票"，一直是我职业生涯中最兴奋、最重要的事件之一。坦白地说，这些股票的表现如此神奇，这的确一直让我百思而不得其解。这也是我迄今为止所发现的唯一一种不需要关注市场大盘的策略。

在 2001 年、2002 年和 2003 年，这种投资策略均有上佳表现。在很多投资者的电脑屏幕上，往往却看不到这些最出色的股票。对某些与众不同的投资者而言，它们却是显而易见的。

比如说 2002 年，当大量资金撤出股市回流银行的时候，我们却笼络了一大批表现异常优异的小盘银行股。与此同时，这些银行又把大量回笼资金投资于盈利颇丰的不动产贷款，这又让他们的股票更进一步。随着小银行因现金丰盈而持续走热，大银行开始买进小银行股票。我们的量子股选股系统及时发现了这一经济动向，于是，不失时机地跟进，还让我们足足地赚了一笔，而整个股市近乎血腥的屠杀似乎与我们毫不相干。

通过这种选股方法发现不同类型的企业，居然连我自己都感到出乎意料。也许有人会认为，这些能实现飞跃式增长的股票，大多应是精细技术或生物技术类企业。恕我直言，因为我所需要的股票必须具备强大的基本面，因此，这类企业从来就没有出现在我们的投资清单上。

2007 年 2 月，我们的量子股票买进对象包括投资银行类企业、特殊化工企业、零售企业、保险公司，甚至公用事业企业，这充分体现了不同行业之间的高度多样性。

不管业务性质如何，它们的共同特征就是经营健康，在基本面上的表现出类拔萃，并始终能吸引机构投资者持续大量买进。只有上品中的上品，才符合我们的量子股投资标准。在少数情况下，我们也会在达到心理止损点时抛出"量子股票"。

如果某只股票继续保持 A 级的基本面等级，以及 A 级或 B 级的动量级，我们通常不会在一个月之内重新买进。之所以要等上一个月才买回这些量子股票，就是为了避免"空头交易"的影响。按照"空头交易"规则，如果你在 30 日之内重新买进股票的话，尽管在成本上可以恢复到原始值，但考虑到税收，你就要赔钱了。

我还保证，无论是何种原因导致股价下跌、触及止损限价且低于正常交易价位，这些股票都将不能继续被保留在我们的投资组合中。反之，只要这些股票继续保持 A 级的基本面等级，以及 A 级或 B 级的动量级，我们的研究就表明，这些股票很可能在停滞几周之后会出现反弹。

我们在对量子股票执行止损时，通常是因为股市在短时间内出现急剧下跌。一旦市场形势稳定下来，靠杀价买进股票的投机商便趁机而入，此时，关键股票开始反弹，当然，你自然希望能在最有利的时间买进一些最优质的股票。我建议你始终应尽可能地充分投资于量子股，从而实现最稳定的投资回报。

在量子股票到达高点时，我们的数据库马上会做出反应，降低该股票的等级，此时，就是你卖出股票的时候。

量子股票投资也是最接近我一直着手打造的"无因策略"，我非常喜欢这种交易方法。

只要市场有交易，只要有优异的业绩，我们就可以看到量子股票投资策略的身影。不管股票市场偏爱的是价值股、成长股、小盘股、大盘股还是外国股，这种策略总能依靠最强大的基本面指标，捕捉股票业绩周期中最美好的瞬间，从而为我们创造最出色的业绩。

如果你是一名极端的主动型投资者，对频繁的交易能泰然处之，而且对三四个月的持股时间已经习以为常，那么量子股很可能会给你带来最丰厚的回报。

大师选股箴言

1. 在动量级上能达到 A 级，并在所有基本指标上均能排在前 20% 的股票，就是股市上名副其实的超级明星。

2. 买进量子股票，就相当于为我们构筑起一道坚实的堡垒，任凭市场起伏飘摇，都能做到巍然屹立，更重要的是，它们最坚固。

3. 在交易"量子股票"的时候，我还建议你采用一种心理止损法。

4. 无论市场涨跌，由量子股票构成的多样化投资组合大多都能实现可观的收益。

5. 只要市场有交易，只要有优异的业绩，我们就可以看到量子股票投资策略的身影。

第 15 章

万物皆周期：
判断并跟随经济和市场周期

　　万事万物皆有周期，在经济周期的不同阶段，价值股和成长股的收益会明显不同，投资者如何跟随经济周期，稳定获利？

　　媒体炒作出"元月效应"、"5 月卖出"、"假日促销"和"大选周期"等市场周期，这些花样繁多的名目对投资者有何警示和意义？

The
Little Book
That Makes
You Rich

———— J. 戴维·斯坦恩 ————

《杰出投资者的底层认知》作者

THE LITTLE BOOK THAT MAKES YOU RICH

如果我们能精确预见未来，投资自然就容易得多。但遗憾的是，我们不能预测未来。我们所设想的细节在很大程度上依赖于我们目前的观点、感觉和知识。归根结底，大多数预测都是在当前趋势基础上进行的推测。

强势成长股

"这是经济问题，笨蛋！"1992 年，比尔·克林顿就是带着这句话第一次入主白宫。假如我们把这句话略加调整改为："这是经济和市场周期的问题，笨蛋！"投资者就可以凭这句话，在正确的时间投资于正确的股票，按照经济和市场周期调整组合的构成，赚得盆满钵满。

投资者必须了解影响其投资组合的趋势和周期，不仅可以让自己免受宏观环境带来的损失，还有利于我们利用趋势和周期的变化获利。了解市场周期就如同到一个高原国家去徒步旅行。在这里，你可以看到优美的景色、鲜为人知的湖泊、难得一见的野生动物或尚未为人类所触及的领地。这样的一次旅行必定让你受益匪浅，但其间也蕴藏着无限危险。

你必须事先了解那里的气候条件，并为此做好准备。你更要意识到，野生动物毕竟非常危险，黑熊、山豹、狮子和毒蛇，绝对都不是什么温柔的旅行伙伴。如果不能意识这些在荒野之地无处不在的危险，你就很有可能成为需要救助的对象，这种遭遇也就会成为晚间新闻的焦点。无论是因为不了解情况而迷失在荒郊野岭的远足者，还是因为忽视当前市场形势和危险而遭受重创的投资者，两者之间似乎并没有什么不同之处。

2007 年年初，我们不是看到很多财经泰斗和精英巨人们，在为股票市场的强势反弹而大呼反常吗？这的确令人不可思议，美国经济连续 19 个季度实现了两位数增长，经济形势蒸蒸日上，假日零售收入直线上升。尽管次级抵押贷款市场的隐患重重，但问题的显现另有别处。

企业收益持续走强的一个原因，就是很多企业在以往 3 年里一直大量回购股票。此外，此起彼伏的并购浪潮也对股价起到了推波助澜的作用。市场上涌动的私人权益资金，也达到了前所未有的数量，促使投资者不仅对收购企业跃跃欲试，而且还心甘情愿地支付大把现金。

更重要的是，私募基金一窝蜂似的收购上市公司，并使之退市，大大减少了股票的净流通量。到目前为止，还没有任何迹象表明，这些活动将停下脚步。

2006 年，5 559 亿美元的股票因并购和回购而退出市场。这已经是流通股数量连续 3 年出现萎缩。按照目前依然处于加速状态的并购及回购趋势，仅仅在 2007 年，就可能有 10 亿美元的股票继续退出美国股市。事实上，90% 以上的做市商（投资银行及私人权益基金）认为，当前的并购和回购环境是"良好"的，甚至是"非常优越"的。

如何驾驭市场周期中的价值股和成长股？

那些不了解当前市场周期的人肯定会感到不可思议，并处于投资不足的状态。由于我们采取及时锁定投资目标并随时补仓的策略，因此，在每个收益期，我们都会把通过"量化"模型和"基本面"模型发现的优质股票敛入囊中。

由于我们总能把握有利时机囤积最出色的股票，因此，在进入收益季节之时，我们更是信心百倍。

市场和经济发展的一个明显趋势，就是它对成长型股票和价值型股票反映出不同的业绩周期。在过去的几年里，价值股一直保持强势增长的状态，而且其业绩始终超过成长股。我们的基本面法和量化法始终能保证我们能在适当时候发现适当的股票，不管市场形势如何，或是否存在价值偏差。

价值股略胜一筹的原因太简单了，以至于很多学者和投资者竟然对其视而不见。利率一直在下降，在利率下降的时候，对于那些被视为价值股的企业，一方面，它们的资产负债表将会变得更完美。另一方面，它们又可以借助廉价资金扩大业务。有了越来越便宜的资金，私人权益基金就可以在保证低成本的前提下，通过债务杠杆收购企业的资产和收益。因此，这种接管趋势自然有利于价值股，而对成长型股票形成打压。

从根本上说，私募基金投资者是货真价实的杠杆收购专家，自然会高度关注企业的经营现金流，因为他们需要用这些现金来偿付因收购而举借的债务。

在私募基金蓬勃发展的同时，以自由现金流为标准来筛选和选择股票，也日渐成为一种被投资者所推崇的方法。图 15.1 表明，那些拥有强大现金流的企业最近一直有着非凡的市场表现。

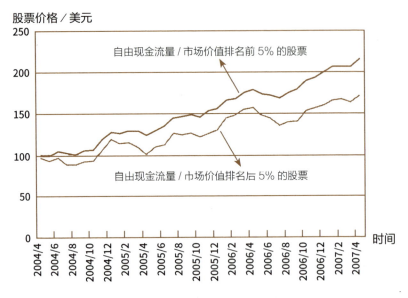

图15.1　自由现金流量对于市场价值的表现（2004年4月—2007年4月）

当利率上涨的时候，经济往往会呈现出加速增长的趋势，无论是消费者还是企业，似乎都有花不完的钱。而现金大多支出在导致经济增长的领域。因此，休闲娱乐企业、流行产品的零售企业，以及新兴餐饮连锁，都成了经济增长的受益者。

消费者对经济的乐观造就了需求的高速膨胀，这些企业往往会表现出更快的增长步伐。技术类公司同样也是受益者，市场销售的兴旺为扩大研发提供了充分的理由和空间，而这又进一步提高了收益的增长速度。因此，投资者在分配资金的时候，必须认识到市场周期的强大作用。

　　而我们则通过基本面法和量化法的结合，让这些经济周期为我所用，及时发现那些行业经济周期中的"妙龄少女"。当然，投资者还应该了解市场中的其他周期性趋势。某些投资者使用的一种投资策略就是"5 月抛出股票，然后就远离市场"，至少要等到 11 月才会入市，但这种方法的恰当性一直备受争议。赞成这种投资策略的投资者认为，你应该在 11 月 1 日到翌年 4 月底期间持有股票，而在其余时间里则应该始终持有现金。尽管它的合理性一直是人们争论的焦点，但如图 15.2 所示，其结果的确是值得称道的。

两种策略的收益／美元

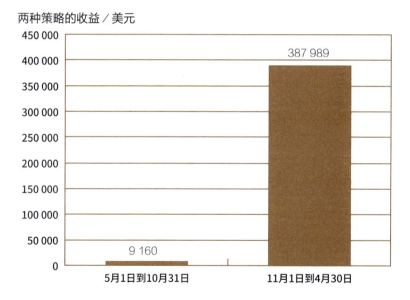

图 15.2　5 月卖股出场策略 1 万美元净收益（1950—2006 年）

资料来源：Ned Davis Research。

　　按照这种市场择机的投资方法，投资者在 11 月到翌年 4 月底期间持有股票，然后在 5 月至 11 月期间把资金存入生息账户，以此与市场的基准回报率保持同步。自1950年以来的实践表明，始终坚持这种投资方法的投资者都非常成功。他们在最大化取得市场回报率的同时，所承受的风险却只有市场平均风险的一半。

我猜想，这种投资策略的优势可能与个人和企业的支出习惯有关。无论是日常维修还是购置新设备，**大多数企业都习惯于按先松后紧的方式完成年度支出预算，就造成了前期支出大、后期支出小的情况。**

这种情况自然会反映在向其他企业提供技术、设备和服务的企业首季度收益中，而第一季度财务报告通常会在每年的4月对外披露。因此，在整个季度中，市场趋势始终处于高位运行状态。

消费者倾向于在新学期开始时进行大额消费，并一直持续到圣诞节。这种消费趋势必然会对从10月到翌年1月期间发布的季度收益报告产生影响。

促成这种总体趋势产生的，还有专业投资人士，甚至是个人投资者的暑假。这往往也会延缓股市交易量的下降速度。在华尔街，我的很多同行在夏天不工作。相反，他们会在整个夏季舒舒服服地躲到汉普顿（Hamptons）、楠塔基特岛（Nantucket）或马莎葡萄园（Martha's Vineyard），似乎是在"盘点核对"一下自己的投资。

另外，1月也是养老金基金腰包鼓鼓的时候，这同样倾向于推动市场走高。于是，在5月卖出，然后远离股市，静观其变，自然是很不错的选择。

这样做绝对有其道理所在，如果投资者能认识到这一趋势的话，并据此对组合进行调节，就一定要在一年中最好的节气里抓住最好的股票。

总统任职周期与股市存在相关性吗？

另一个每四年才发威一次的市场周期，就是"大选市场周期"（presidential market cycle）。如图 15.3 所示，在每个"大选市场周期"中，市场往往会在第一年和第三年里有更出色的表现。

增长率／%

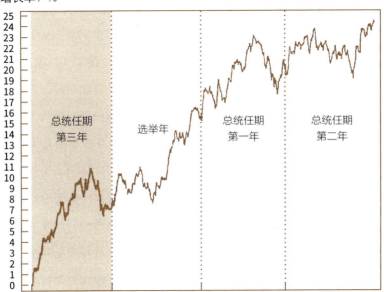

图 15.3　道氏工业指数与总统选举周期（1900 年 1 月—2006 年 12 月）

资料来源：Ned Davis Research。

第一年表现优异的原因应该不难解释：投资者都是选民，因此，他们所拥戴的政党的政策一旦诉诸实施，自然会让他们兴奋不已。他们自然会对未来的经济前景和投资形势充满美好的期待和憧憬。

第三年的好景却应该归功于市场周期的上升期。尽管这个解释不够清晰、直白，但绝不乏说服力。有一种理论认为，在总统任期的前两年，在任总统必须对税收和政府支出采取紧缩政策，而这就很可能对任期内前两年的美国经济产生重大影响。但是到了任期内的第三年，美国经济通常会步入繁荣期，进而推动股市的高涨。在这种情况下，任期内的最后一年也不会太糟。

对于股市在总统任期内的第三年和第四年之所以会有不错的表现，我还有另一种理论对其予以解释。具体而言，就是无比强大、但偏见无处不在的美国新闻媒体已经习惯食言。事实上，从中期选举结束开始，喜欢吹毛求疵的新闻媒体常常会掉转矛头，顷刻间，利好信息蜂拥而至，以前的指责非难突然变成了赞歌颂词。为什么会出现这样的情形呢？答案就在于它们能很好地把握时机。

中期选举在11月进行，而紧随而来的，就是冬季的几个重要节假日。谁愿意在这个时候听到坏消息呢？新闻媒体的上帝就是观众和读者，因此，它们就要为这些观众和读者提供所需要的好新闻和好故事。在冬季的节假日，尤其是感恩节和圣诞节，新闻媒体便会沉醉于无穷无尽的喜讯之中，比如说感恩节的游行或是其他令人振奋的报道。这些好消息到底是怎样影响到股票市场的呢？不可否认，乐观是一种具有传递性的情绪，因此，人们的心态往往受制于电视、报纸或网络信息的左右。

对新闻媒体而言，最后一点要说的是，在总统任期的最后两年，由于总统的投机愿望越来越强，新闻媒体似乎也开始对在任总统冷眼相待。此时，它们已经将注意力转移到有可能成为下届总统的候选人身上。

同样有趣的是，新闻媒体的视野似乎只局限于一个主题上，正因为那些铺天盖地、连篇累牍的报道才让我们对辛普森（O.J. Simpson）、艳星安娜·妮科尔·史密斯（Anna Nicole Smith）、小甜甜布兰妮（Britney）或最近某位震惊四座的名人，感到厌倦无比。理论上，如果在大选前出现针对热门候选人的重大丑闻，那么它们很可能会感到忍无可忍，羞辱难当，因为媒体的爱好和特长就是对这类事件大肆炒作。

归根到底，如果媒体高兴，消费者和投资者也就会高兴。一旦投资者能认识到这个"大选周期"，他们就有可能搭上股票市场的快车，乘风顺势，满载而归。

媒体在其他方面表现出的周期性也会影响到股票市场。夏季，议会进入休会期，政治新闻趋于减少。为了填充版面、卖出报纸并得到业内好评，媒体就要四处寻找新闻题材，以此吸引读者和观众，但其中的很大一部分报道很可能是负面的。投资者身处这些新闻的包围之中，自然难逃熏染。这将影响到他们的买卖决策，也是说明"5月卖出"策略的另一个原因吧。

随着时间的推移，当临近节日的时候，人们开始期待着更多的好消息来映衬自己的好心情。媒体自然会量体裁衣地勾勒出一片欣欣向荣的场景。让无穷无尽的喜讯和优美动听的故事，时时包围着我们，这样的经历年复一年，循环往复。与清晰可见、毋庸置疑的"5月卖出"或"大选周期"带来的兴奋与压抑相比，媒体周期的影响似乎没有那么强烈，但它们的影响千真万确、客观存在。聪明的投资者应该学会认识和利用它们。

在市场和经济环境中，另一个影响股市的因素，是资金在不同类别资产之间的流动。投资者中的"羊群效应"、证券市场的吹捧和欢呼，往往会在各种资产之间造就一层此起彼伏的泡沫。2000年以来某些资产类别的潮起潮落、来来去去，就可以让我们对此有所了解。

在股市泡沫于 2000 年 3 月破裂之后，此后的一系列事件导致股市一落千丈，其中包括备受争议的 2000 年总统大选、"9·11"恐怖袭击，以及频繁爆发的企业会计丑闻。

2000 年 3 月—2003 年 3 月，股票市场一蹶不振，40% 的投资者逃离股市。这些离开股市的资金总要找到归宿，最终，大多数资金回到了银行，这让银行在短时间内积聚了大量的新增存款。股市泡沫的破裂，再加上美联储屡次降息，导致利率屡创历史新低，所有这一切又促成了 2007 年初露端倪的房地产泡沫。那些为如何处理这些新增存款而苦恼的银行，如同找到了救命稻草，一股脑地把大量资金变成住房贷款。

除房地产业行情高涨之外，商品价格也开始大幅上涨。尽管这些问题的部分原因可以归结为新兴市场带来的需求，对证券市场的影响绝对不容忽视。当投资者为股票痛心扼腕的时候，投资公司还要忙于找到人们愿意卖的东西，要么是找到适销对路的新产品，要么就承担你不能支付管理费的风险。

当纽约州前总检察长艾略特·斯皮策发难大投资公司、保险公司，以及共同基金管理公司的时候，很多证券人士开始窃窃私语："斯皮策漏下了商品基金。"华尔街转而依赖在他们看来似乎能永远逃避法律诉讼的产品，这真是一个痛苦但又万般无奈的抉择，因此，他们自然会把眼睛盯到商品基金和合伙公司上。

由于这些商品基金和合伙公司会收取大额的前期费用和交易

佣金，而导致近年来用于购买这些投资工具的资金已经翻了近三番。这些商品基金推销给投资大众的，不过是令人发指的全球需求增长和价格上涨预测。我一直认为，一个动听的故事就是一个好卖点。于是，大量现金涌入市场，纷纷开始买进商品基金。

可笑的是，这个商品泡沫在 2007 年年初就走到了尽头，而其中的根源，在很大意义上可以归结为 Amaranth 对冲基金所带来的 2007 年年初原油价格大跌，并导致天然气价格在 2006 年第三季度一落千丈。现在，这些资金的归宿到底何在呢？很有可能会回到它们最初的源头：股票。这对成长型股票投资者而言，绝对是一个吉祥的征兆。

大师选股箴言

1. 尽管次级抵押贷款市场的隐患重重，但问题的显现另有别处。

2. 企业收益持续走强的一个原因，就是很多企业在以往 3 年里一直大量回购股票。

3. 市场和经济发展的一个明显趋势，就是它对成长型股票和价值型股票反映出不同的业绩周期。

4. 在私募基金蓬勃发展的同时，以自由现金流为标准来筛选和选择股票，也日渐成为一种被投资者所推崇的方法。

5. 投资者在分配资金的时候，必须认识到市场周期的强大作用。

第 16 章

全球化投资：充分利用
和享受世界的每个增长机遇

全球最大的 10 家公司总部均不在美国境内，为什么说新兴市场的巨大活力，更容易培育超级成长股？

成长型股票投资者如何借助互联网和金融产品，即使没有国外证券账号，仍能获取他国企业成长的收益？

The
Little Book
That Makes
You Rich

———— 肯·费雪 ————

《费雪论股市获利》作者

THE LITTLE BOOK THAT MAKES YOU RICH

　　如果投资者将其投资范围扩展到全球，就可能增加风险管理的层级，充分分散国家层面的风险。

强势成长股

在过去几年，外国公司的美国存托凭证①频繁出现在我们的组合中。ADRs 为什么会受到这样的青睐呢？其实理由很简单。采取美国存托凭证的目的，就是便于美国投资者买卖全球股票。我之所以喜欢美国存托凭证，原因是多方面的。近期研究表明，与其他市场相比，在美国证券交易所上市的外国股票一般会被低估。

此外，美国存托凭证还可以让我们更方便地投资于外国有价证券，从而在规避外汇及其他管制的情况下，分享国外资本市场的增长。由于美国存托凭证正越来越多地出现在我们的投资清单上，而且它们所占有的比例也表明了这种现象的非偶然性，因此，我们认为有必要对国际股票深入研究。

此外，我们的量化工具尤其适用于非美国股票。事实上，我们

① 美国存托凭证，即 American DePositary receipts，是一种可转让、代表股份的证明。ADRs 现已成为美国境内的投资者投资于外国公司股票、外国公司进入美国资本市场招股融资，以及国际证券投资组合的重要工具。——译者注

的证券分析师也一直站在全球化立场上，致力于稳定增长型国家和快速增长型新兴市场的研究。

新兴市场给企业成长带来不可估量推动力

在着手深入研究非美国市场的时候，我们发现，很多问题原本就是在讨论全球化投资。尽管美国是全世界最具创新实力的国家之一，但它不是唯一的创新源泉。新产品、新思维和新技术，每天都在世界的每个角落层出不穷。此外，自由贸易的蓬勃兴盛，也让这个世界变得越来越小。

在消费者面前，一个全新的世界已经展现，手机、计算机、汽车、住宅，以及各种消费品和服务的需求日趋增长。世界各地的银行、零售商、水泥企业，甚至是保险公司，都在一片欣欣向荣之中飞速成长。在这些方兴未艾的新兴市场上，如饥似渴的消费者给企业带来了不可估量的推动力，使它们的增长速度让美国同类企业甘拜下风。另一个出乎意料的事实是，全球最大的 10 家大公司均不在美国境内。尽管这 10 家大公司在美国经济中可能占有相当大的比重，但它们的故乡却远在他方。《福布斯》杂志指出，世界上最大的建筑、汽车、商用设备和食品公司都不在美国。

不过，也有值得我们欣慰的事。我们发现，在过去的 10 年里，对于像我们这样主要依赖对量化数据和基本面数据进行深入研究的人来说，全球化投资的主要障碍已经土崩瓦解。就在此前不久，我们还很难得到非美国股票的每日报价，至于要获得外国公司的精确财务信息，则近乎不可能。

互联网却让整个世界一览无余地展现我们面前，通过互联网链接，只需要点击一下鼠标，我们就可以马上得到来自中国香港、日本、俄罗斯、巴西或世界上任何一个交易所和市场的准确信息。一旦得到这些数据，我们就可以大显身手，毫不费力地从它们身上榨取信息，寻找价值源泉。通过图 16.1，我们可以看到，这个发现是多么不同凡响。按照动量级排名，在我们挑选的全球股票中，业绩排在前 10% 的股票甚至让 S&P500 指数也自惭形秽，而前 5% 的收益率更是比前 10% 高出了 1 倍。

图 16.1　全球成长型股票收益与 S&P500 指数的比较（1997—2006 年）

全球化成长型股票投资的依据是显而易见的。**大多数全球型投资者对价值的判断有差异。这就导致某些成长型股票尚未得到深入的检验和研究。**

在这种情况下，一旦投资界最终发现这些无价之宝，它们的价格就会直上云霄。

按照我们的选股方法，通常能在这些股票开始上涨之前就发现它们，然后我们一路陪伴着它们，分享着它们所能创造的一切财富。既然我们能用 8 个久经沙场的关键指标和量化数据来判断美国股票，同样也可以把它们用于外国股票。实践证明，针对外国股票，它们的表现更令人瞠目结舌，会给我们带来更美妙的投资机会。

外国股票之所以能有如此强劲的表现，是因为越来越多的资金正在进入国际投资领域。其中最关键的，并不是越来越多的资金离开美国，而是因为这些资金正在加速流入其他国家。国际基金吸收的资金量已经远远超过了美国基金的资金吸纳量，让后者相形见绌。强大的国际资金对优质股票形成了不可估量的买进压力，而这些具有高 α 系数的股票，恰恰又是我们寻觅的梦中情人。

投资公司协会指出，目前的国际基金资金量几乎已经和美国基金平起平坐。事实上，2003—2006 年，非美国基金的销售额与美国国内共同基金销售额之比已经接近 4∶1。大量资金流入非美国市场和股票还是一个新现象，而且迄今为止，我们还没有看到任何减弱的迹象，尤其是考虑到这样一个事实：很多非美国股票用可自由流通的硬通币计价，而不是日渐衰弱的美元。

ETF 是基金世界的另一个重要发明。以外汇进行交易、具有十足的流动性，以及传统基金所无法比拟的成本优势，都让 ETF 成为投资者趋之若鹜的投资工具。即使是在这个领域，国际资金同样也是主导者，因为流入国际交易型开放式指数基金的资金量要远远超过美国的指数基金。

多种因素促成了这种现金流的变化趋势。其中最显而易见的原因在于投资者本身就喜好多样化的组合。今天，大多数理财顾问都会建议客户持有一部分非美国有价证券。在这样一个越来越小、离我们越来越近的世界里，不管机会出现在何处，投资者都不会轻易放弃。

促使资金流向非美国市场和股票的另一个重要原因是《萨班斯－奥克利法案》的颁布，减少了非美国公司通过美国存托凭证的形式在美国上市的股票数量。随着美国存托凭证数量的减少，以及越来越多的资金涌向国际股票，导致剩余美国存托凭证股份在近年里直线暴涨。

这的确有点讽刺意味，《萨班斯－奥克利法案》不仅有效地减少了美国存托凭证股份的数量，而且还人为推动了剩余美国存托凭证价格的上涨。《萨班斯－奥克利法案》的本意是提高美国上市公司的报告标准，强制要求公司领导人签署报告，并以个人名义对公司财务报告及相关披露信息承担责任。很多非美国公司却不愿意接受如此严格的美国体系。

他们深知，美国是世界上最喜欢诉讼的国家，他们根本就没有兴趣接受这样苛刻的束缚。因此，很多企业干脆离开美国市场，众多原本可以在美国上市的公司也不再自讨苦吃。

尽管在 5 年之前，也就是通过《萨班斯－奥克利法案》之前，纽约证券交易所（NYSE）还是全球"首次公开上市（IPO）"毋庸置疑的领军者，但到了 2006 年，香港和上海证券交易所的 IPO 数量就已经超过了纽约证券交易所。随着外国 ADRs 股票在美国的日渐萎缩，越来越多的资金开始和伦敦、香港，以及上海证券交易所的新上市公司联系在一起。

共享世界发展红利，积极探索全球化投资路径

全球化投资的趋势愈加显现，已经成为一个不可阻挡的潮流，因此，这也促使我们在这一领域更先进一步。我们并没有想过在国外的证券交易所和股票经纪公司建立账户，我还是倾向于持有美国存托凭证，因为它更利于美国投资者投资外国企业。如果没有美国存托凭证的话，那么这将是一个异常复杂的过程。尤其需要提到的是，美国存托凭证按照美国法规进行交易，因此，公司必须按时支付股利，并披露重大事项。

美国存托凭证的便利之处还在于，它们在美国各大证券市场上均采用美元进行报价和交易，其中包括纽约、美国和纳斯达克证券交易所。每个 ADRs 都以一定数量的外国公司股票或一定比例的外国公司股份为基础。ADRs 数量与外国公司股票之间的比例关系通常表示为 ADRs 比率。通过这种投资方法，可以让我们免受各国不同管制措施和不同市场币值波动的困扰。

在目前的美国市场上，仍然存在着近 300 种美国存托凭证，其中的 25 ~ 30 种始终具有强大的增长潜力。当然，我们在实行多样化策略的时候，还是要倾向于大国和大企业。我们之所以对这些股票情有独钟，是因为有赖于这样一个事实：它们在本质上就是非常保守的，而且往往有相当大的政府股份为依托。这将有助于提高全球化投资的稳定性和安全性。

某些新兴市场也是我们的投资对象，因为这些股票在表现好时甚至会一步登天。我们对这部分投资一直采取较低的比例，既可以充分享受这些股票上涨时带来的巨大收益，又不至于在它们一落千

丈时遭受重创。这些股票本质上具有较大的波动性，我们的目的就是要想方设法让这种波动性为我所用，而不是让它们成为我们的敌人。对这些市场，我们还有一个原则，就是要规避那些在外交和财经政策上反对自由贸易和开放经济的国家。

我们究竟为什么要在全球基础上进行投资呢？因为它增加了我们所能利用的获利机会，同时，也因为它是一种行之有效的投资方式。存在于大多数投资者间的估价偏差，以及大量现金持续涌入非美国市场，都为成长型股票投资者提供了难以置信的天赐良机。更重要的是，分析和投资于这些市场所必需的信息，也与分析美国股票所需要的信息一样信手拈来。

这是一个全新的世界，我认为我们应该成为其中的一部分，充分利用和享受这个世界的每一个增长机遇。在未来的 50 年里，还将有数十亿人需要新的住房、新道路和新的基础设施。还将有数十亿人期待着西方消费者习以为常的新产品和新玩具。走出这片天地，那里孕育着一个巨大的市场，每一个前进的脚步，都会让我们这些成长型股票投资者受益匪浅。

大师选股箴言

1. 在这些方兴未艾的新兴市场上，如饥似渴的消费者给企业带来了不可估量的推动力，使它们的增长速度让美国同类企业甘拜下风。

2. 大多数全球型投资者对价值的判断是有差异的。这就导致某些成长型股票尚未得到深入的检验和研究。

3. 强大的国际资金对优质股票形成了不可估量的买进压力，而这些具有高 α 系数的股票，恰恰又是我们寻觅的梦中情人。

4. 某些新兴市场也是我们的投资对象，因为这些股票在表现好时甚至会一步登天。

5. 这是一个全新的世界，我认为我们应该成为其中的一部分，充分利用和享受这个世界的每一个增长机遇。

第 17 章

锁住利润：
监控、调整、再平衡投资组合

投资者尽职尽责看护股票，随时随地跟踪它们的一举一动，如何才能更好防范意外，保住利润？

成长型投资者如何保持自己的灵敏，不对手里变差的股票有丝毫怜悯，始终与最优秀的股票为伍？

The
Little Book
That Makes
You Rich

迈克·贝拉菲奥雷

《以交易为生》作者

THE LITTLE BOOK THAT MAKES YOU RICH

市场永远在变化。昨天有效的交易策略在今天未必能赢利。你需要提高交易技巧，才能适应市场的变化。

强势成长股

"心急吃不了热豆腐。"至少古话是这么说的。现实的情况是，物理就是物理，不以人的意志为转移，当你把一壶水放在"超级碗"球场上的 50 码线上，任凭几万人坐在看台上翘首以待，甚至几百万人坐在电视机前静观其变，只要正确加热，水终究是要开的。我想告诉你的是，看好这个水壶会给你带来什么：如果你用心看管、密切关注它的话，就可以避免壶里的水沸腾溢出。

每周都要衡量所选股票基本面，确保万无一失

上述说法对你有什么启发呢？我认为，尽职尽责地看好股票，随时随地跟踪它们的一举一动，你就可以让自己的组合之花开得恰到好处，避免沸腾溢出或过度蒸发。你最不希望看到的，就是壶里的水沸腾溢出，或是过度蒸发，让你的收益化为乌有，甚至变成亏损。

在我的公司，我们每周都要核对和检验投资组合的所有事项。实际上，我们每个周末都要进行深入的研究，确定所有被跟踪股票的等级，通过回归检验计算收益-风险比，从而确定动量级，保证我们对所有股票的评级结果均以正确的标准为基础。我们再用屡试不爽的 8 个关键指标来衡量每只股票的基本面，判断它们是否还完好无损。我们永远都不喜欢意外，就要想尽一切手段确保万无一失。我们是一个尽职尽责、任劳任怨的团队，我们的劳动成果每周都要更新一次。

多年以前，投资者一直难以获得和跟踪影响股票的各种信息。因此，要获得收盘价、重大新闻和收益报告，投资者就不得不劳神伤脑地在报纸上翻来翻去。互联网的出现让获取数据变得轻而易举，我们没有任何理由不对自己的投资组合了如指掌。最重要的是，不费吹灰之力，你就可以快速、有效地管理和跟踪投资组合的整体业绩。你应该关注的首要数字就是整个组合的最终收益。个股的日常价格变动也许会让你坐立不安、疯狂不已，尤其是对强势成长型股票更是如此。如果你采用我推荐的 60/30/10 分配比例，把在相同条件下不同走势的股票结合到一起，最终的结果自然也就水到渠成了：你的全部组合将实现稳定、安全的增值。

不管你是采用电子工具还是虚拟工具来跟踪和管理投资组合，有一份报纸都是你不得不读的，它就是著名的《投资者商业日报》。《投资者商业日报》不仅可以帮你了解和学习投资知识，而且还刊载着重要的投资信息和市场动态，从而让你成为一名更出色的投资者，是任何传统商学院都无法比拟的投资课堂。《投资者商业日报》的内容简洁明了、通俗易懂，适于阅读，所有重大事件都会让你一目了然。如果能把《投资者商业日报》和我们的数据库结合起来，那么注定会让你事半功倍，让你的财富与日俱增。

在我们的股票评级数据库中，你可以找到组合中的每只股票，以及它们在动量级和基本指标上的评分结果。如表 17.1 所示，你可以看到，评级结果表示为字母 A 的股票，代表每一类别中最好的股票，而表示为字母 F 的股票，则是最差的股票。这样，你每周都可以轻松、便捷地对手里的股票进行检验，从而保证你对风险水平的上升，以及不可避免的跌价有所防范。

表 17.1　投资组合评级系统的股票评级

投资组合等级：A	苹果公司股票报告
整体股票评级	A
定量评级	A
资金评级	B
销售额增长	B
营业利润率增长	B
盈利增长	A
盈利动量	B
盈余惊喜	A
分析师盈利预测调整	A
现金流量	C
权益报酬率	A

我们已经对市场和经济体系中影响股票大势的各种周期进行过研究。尽管依据我们的股票评级数据库构建股票组合，能在很大意义上规避市场的整体波动，但不能逃脱所有因素的干扰。例如，如果你已经通过某只特定的股票获得了可观的长期回报，而且当时又恰巧是 4 月的最后几周，那么考虑到"5 月卖出然后就走"的股民会在下月对大盘形成下挫压力，你也许会选择卖出部分股票。

如果当时是 10 月底，你手头恰好有富余的现金，那么你可能会选择进一步买进，因为你知道，那些在 5 月抛出股票的投资者会重新入市，迫不及待地把手里的钱换成股票。

至少每 3 个月搜索新投资机会，与好股为伍

2007 年年中的股票市场，我清楚地认识到，价值股的回报率已经连续 7 年超过成长型股票，能在这么长的时间里持续增长绝对是史无前例的。我也知道，5 月抛出股票的投资者将马上入市，而大多数养老金基金和个人退休账户在 11 月到翌年 4 月 15 日之间则是吸纳资金的时候。

此外，当时还是本届总统任期的第三年，这都将为我们带来牛气冲天的大牛市，因为历史已经一再地证明了这一点，这一年始终是股市的好年份。把所有这些因素综合到一起，自然会让我做出大牛市的预期，因此，我自己也希望不遗余力地投资股票。

随时检查你的组合结构。尽可能保持我推荐的 60/30/10 资金分配比例。如果市场流动性极强的话，10% 的进取型股票就有可能急速飙升。当市场大盘逼近高点时，一不小心，你就会发现，自

己已经过度投资于超级进取型的高风险股票。随着市场急转直下，你的处境就不妙了。如果你对成长股投资采取保守的做法，那么你必须尽量持有更多的 A 级股票，并密切监督这些股票的等级变化。

同样，假如我们身处 2002 年那样的逆境时，在"保守型"股票上涨的同时，"进取型"股票则更有可能下跌，由于此时的"进取型"股票价格偏低，因此，你就应该适当投资于进取型股票。尽管我通常不采用根据市场形势择机投资的手段，但我还是发现，及时调整 60/30/10 的分配比例，可以在价格上涨时提高组合的保守性，而在下跌时则趋于进取型。这完全与大多数人的思维反其道而行之，因此，依靠数字可以让我们克服恐惧和贪婪，保证我们始终能走在投资的正轨上。

你卖出一只股票的时候，也就是去寻找另一只股票的时候。除要恢复组合的收益能力之外，你还需要在每 1—3 个月对组合中的所有股票重新研究一番。我至少要在 3 月、6 月、9 月和 12 月搜索一下新的投资机会，因为这些时段是大多数美国公司季度报告期的最后一个月，在随后的一个月，它们将向投资者正式披露上季度的盈利情况。

这些时间就是我们说的收益回报期，我当然希望能携着最好的股票进入这些收获季节。对任何新股票，我都要进行深入的研究，并将之与目前持有的股票进行比较。

一旦发现在基本指标和动量级上与众不同的新股票，我们就会考虑在进入收益季节前买进这些股票。在对当前组合进行检验时，如果某些股票在五六个指标上尚可，但综合评级已经从 A 级下滑至 B 级，我们就可能卖出这些股票，并以新发现的优质股票取而代之。

尽管原来的股票可能还算不错，但我们总希望能找到更好的股票代替它，我们的目标就是用最优秀的股票构造我们的投资组合，以最强大的阵容迎接即将到来的收益季节。

你不妨这样想：假如你是一位棒球教练，目前二垒手的击球命中率仍然可以达到0.25，捕球技术也相当娴熟；总之，他的前景还算不错，继续留用不太可能给你带来麻烦。唯一的问题是，他年纪稍大，脚步移动稍慢，平均击球命中率略有下降。总体上看你完全可以留用他，而且他本人又是一个容易相处的人，一旦让他离队，你也许就会感到些许伤感。

就在此时，你发现了一名只有20岁的年轻人的击球命中率达到了0.35，也许一个赛季能拿下30个本垒打，而且脚步灵活、速度惊人，在球场上奔跑的时候犹如"胡佛"吸尘器一般迅速、敏捷。在这种情况下，你会怎么做呢？我想你肯定会在新的赛季里启用这位新的二垒手。永远也不要迷恋你的二垒手或是你的股票。某些人因为迷恋股票或是怠于出手而被我解雇，我也因此而"小有名气"。要成为胜利者，你就必须甘愿变化，在自己的组合中随时增加更强大的新股票。**在接近收益季节时，紧紧盯住数字，绝不对手里的股票有丝毫怜悯，就显得更重要了。**

只有这样，你才能期待更美好的结局。盈利符合预测、不断加速的盈利动量，以及正盈利预测调整等——在收益季节，所有这一切都将成为家常便饭。我们所选择的企业，应该在任何时候都具有收益上涨和盈利符合预测的潜力，我们已经讨论过，这些条件是股票实现稳定长期上涨的基本条件。简而言之，在每个属于收益季节的季度里，都是我们对每只股票的"判断日"。

总之，学习是永不止境的。我一直在研究市场，搜寻行之有效的投资策略，以及让我的投资原则运用于成长股投资的新途径。正因为如此，像阅读《投资者商业日报》这么简单的事也一样是非常重要的。尽管我们不可能通晓这个游戏的一切，把握它的全部，但是对影响你投资的因素随时进行监测、研究和评价，是不可或缺的。我认为，不断学习和检验新鲜事物和新兴理念，对投资者来说是必不可少的。

每次遇到自以为高人一筹、自认为对股票市场无所不知的人。我都能感受到，他们也许只意识到短期内还算凑合的一两个指标，此时，惨痛的教训就已经在向他们招手了。股票市场最能让我们体会到谦卑的价值。就在你觉得自己很聪明的时候，市场却会证明，你是多么的愚蠢、无知。

所以说，一定要随时盯住那只可能煎熬你股票组合的水壶。幸运的是，现代技术让你看管自己的股票组合不再困难。因此，时刻关注组合的变化，以及你在经济和市场周期中所处的位置，搜寻新的更出色的股票，让你的投资组合不断更新。最根本的目标就是按照基本面和量化指标寻找最优秀的股票，始终承受机构买进压力的热门股票，只要不会出现过热导致利润溢出，我们就要守住这些股票，伴随着它们的兴旺一路前行，尽情享受收获季节的美妙。

大师选股箴言

1. 尽职尽责地看好股票，随时随地跟踪它们的一举一动，你就可以让自己的组合之花开得恰到好处。

2. 我们每周都要核对和检验投资组合的所有事项。

3. 尽管依据我们的股票评级数据库构建股票组合，能在很大意义上规避市场的整体波动，但不能逃脱所有因素的干扰。

4. 尽管我通常不采用根据市场形势择机投资的手段，但我还是发现，及时调整 60/30/10 分配比例，可以在价格上涨时提高组合的保守性，而在下跌时则趋于进取型。这完全与大多数人的思维反其道而行之，因此，依靠数字可以让我们克服恐惧和贪婪，保证我们始终能走在投资的正轨上。

第 18 章

当心：人为调节，
按华尔街喜好包装的公司

某些企业总是会想方设法地欺骗、讹诈投资者，选股的时候，我们如何才能远离欺诈行为，不被那些漂亮的假象迷惑？

金融从业人员生存基础就是不停向投资者推销金融产品，普通投资者如何保持理智，看穿这些人为吹捧或者拉高出货的行径？

———— 戴维·H. 魏斯 ————

《威科夫量价分析图解》作者

THE LITTLE BOOK THAT MAKES YOU RICH

　　成交量丈量力量，我们将多空双方的力量
（或努力）与战果（价格上的得与失）进行比较，
以确定是哪一方占优，以此来鉴别出那些已经蓄
势待发的变化所发出的相关信号。

强势成长股

多萝西（Dorothy）和她勇猛无畏的同伴担心不知道会在森林里遇到什么不测，投资者也会担心，在投资于股票市场的时候，很可能被欺骗或戏弄。在大多数时间里，依靠我为你总结的 8 个基本指标，完全可以让你高枕无忧，但并不是说绝无例外。多年以来，某些企业和缺乏责任感的促销人一直在挖空心思地想方设法欺骗、讹诈投资者。因此，我觉得有必要花点时间提醒你，一定要谨小慎微，绝不要轻易上当。

练就选股"火眼金睛"，看穿"人为操纵"

最恶劣的欺诈手段源于企业自身。只要个人投资者还需要依赖企业基本面进行股票交易，会计欺诈就不可能离开我们。在以往的几年里，我们已经目睹了很多这样的例子，环球电讯、安然以及世通都因为自己的不择手段而得到了应有的下场。

尽管这些企业罪有应得，投资者却为此损失了几十亿美元。当法律漏洞得到补救之时，那些居心叵测的管理者早已有了新的伎俩来诱骗投资者。

多年以来，我一直在抵制这种欺诈行为，并反复指出，权益会计法和根本就不需要支付的股票期权，本身就存在着不可调和的矛盾。权益会计法是一种极具误导性的会计欺诈手段，但我可以自豪地说，我从来就没有退却过，也从来没有屈服过，而是一直在不遗余力地大声疾呼。

权益会计法主要用于并购，为企业提供了一种粉饰财务报告的途径。通过这种方法，企业可以向投资者隐瞒损失和亏损。

在权益会计法被取消之前，公司需要做的就是收购其他公司，然后把被收购公司的收入纳入本公司账面，而对其费用则予以递延和重新分摊。这绝对是一种再有效不过的"欺骗性会计"，因为企业的收购业务越多，就越有可能对其账面数字进行有效的操纵。企业不仅可以通过权益会计法隐瞒其业绩不佳的季度报告，而且像世通等企业，还可以通过并购操纵其增长率。

甚至就在世通搭建的海市蜃楼消逝之前，它们还大张旗鼓地收购普林斯特。一旦收购成功，世通就可以把 Sprint 的收入纳入到本公司收入中，而对大部分费用采取递延处理，继续它们的欺诈伎俩。但花旗集团的证券分析师杰克·格鲁曼居然没有看穿世通的虚假财务欺诈行为，这的确让人百思不得其解，也许唯一可以解释的原因，就是花旗集团也是世通的主承销商吧。我也得承认，世通的手段确实非常复杂。在我的记忆当中，它是为数不多的几家为了隐蔽和延续会计作假而篡改现金流而多缴税的企业之一。

在寻找股票的时候，让自己远离欺诈行为的最佳途径，就是确保一个企业的营业利润、权益报酬率和自由现金流始终能保持高等级。我从来没有看到过一家企业能同时对这 3 个指标中的 2 个以上指标实施操纵。

幸运的是，1999 年美国财务会计准则委员会（FASB）最终还是取消了权益结合法会计制度，并强迫企业必须采用购买法核算收购业务，以客观反映合并后企业的经营成果。美国财务会计准则委员会对股票期权问题也做出了处理，在 2004 年通过的《123 号规范》（*Statement No.123*）中，就强迫企业必须把股票期权按费用进行列示，而不得隐藏实施这些员工期权带来的稀释效应。毫无疑问，这是一种提高企业财务透明度的有力措施，但欺诈行为依然我行我素，而且在未来必将花样翻新，以新的方式出现在我们面前。

在我看来，最恶劣的管理手段莫过于利润。尽管上市公司必须按公认会计准则报告其盈利状况，但即使有了这样的规范，也为企业人为调节报告数字留下了足够的空间。而投资界对企业季度盈利状况的过分依赖，必然给企业达到或超过季度盈利指标带来沉重压力。为避免因指标不合格而导致股价下跌，管理层就必然要篡改数字，从而使盈利指标达到华尔街的预期。企业操纵盈利数字的方法无非是借助于一次性的费用和投资收益。把在建工程成本等项目列为与本期损益无关的一次性费用，并在本期报表予以注销，企业就可以掩盖超支成本或业绩不佳的投资。虽然人们认为可以通过公认会计准则防止利润操纵现象，但是某些通过一次性费用掩盖其损失和失误的情况还是屡见不鲜。

此外，企业还可以把投资收益、税收返还及其他特殊项目列示为正常盈利，从而达到混淆是非的目的。通过投资收益，可以轻而易举地掩饰其主营业务的拙劣表现。如果企业不能多次在财务报告中反映投资收益，那么迟早会暴露其真实的盈利水平。

假如核心业务持续消耗现金，必然会导致可投资资金不断减少，在这种情况下，投资收益必将不断减少，乃至消失。与此同时，股价也会在此期间持续下跌。如果你能按照我在"雅虎财经"等网站上推荐的方法构建投资组合，那么当你持有的某只股票出现盈利时，你就会得到及时的提醒。总之，你一定要当心那些把特殊项目列示为正常营业利润的企业。

贿赂基金①的会计处理方法则是另一种掩饰客观事实的财务舞弊手段。在这种情况下，企业隐瞒实情，不在当期财务报告中反映其真实盈利，而是把当期收益结转到以后盈利状况不佳的季度报告中。从表面上看，这种做法似乎还不算是什么罪不可赦的手段。如果一家公司的股价正在下跌，但通过操纵利润隐瞒了这一事实，那么你当然不会愿意持有这样的股票。同样，会计记录就是会计记录，企业应该关注的是如何管理好企业，而不是通过操纵账面数字来虚构美妙的经营成果。

我们拿银行的例子来说吧，银行往往会以多种方式利用这种造假手段。银行的业务以吸收的存款与发放贷款为主。在现实中，银行的某些贷款成为不良贷款是不可避免的，因此，银行需要保留一部分准备金，用于弥补不良贷款带来的资金损失。虽然管制机构对银行留存的准备金制定了最低限额标准，即存款准备金率：国家进行宏观经济调整的三大措施之一，也是力度最大的一项措施，具体

①是指以贿赂、送礼或娱乐等非正常目的而筹集的资金。——译者注

数字归根到底还是由银行自己决定的。

因此，在实际盈利状况低于管理层或分析师预定要求的时候，银行就可以不费吹灰之力地把这些不良贷款伪造成正常贷款：只需要从准备金中提出一部分资金，并在财务报告中把这部分资金反映为利润。务必要警惕那些个别季度出现准备金过低的银行，因为它们很可能是在人为操纵利润，粉饰财务报告。

将期权的起算日追溯至更早日期，则是企业和投资者面对的另一种会计舞弊行为。企业可以通过雇员股票期权对高管给予额外奖励，或是规避薪酬封顶制度。就在克林顿政府通过企业高管年薪不得超过 100 万美元的规定之前，企业向员工发放股票期权也达到了疯狂的地步，因为一旦该法令付诸实践，任何超过这一限额的工资收入都不得在企业税前利润中扣除。

这样，高管就可以在某些年份拿到 100 万美元的年薪收入，而在另一些年份却可以拿到 6 亿美元（100 万美元为工资，5.99 亿美元则是股票期权）。迪士尼前董事长迈克尔·艾斯纳（Michael Eisner）很可能是通过巨额股票期权获取额外收入者中最著名的一位首席执行官。

从理论上讲，通过额外收入激励企业高管尽职尽责是理所应当的：股价越高，他们的认购期权价值也越高。**很多企业把这种原本属于激励的手段变异成掩饰高管收入的手段。**也就是说，把股票期权的起算日追溯到股价低于当前市价的期间，这就大大提到了期权对高管而言所具有的价值。

有关机构已经对掩盖高管收入的一些知名企业进行了几十项调查。只要向股东恰当披露期权的起算日，并针对损益表和应税收入对期权价值进行正确核算，通过股票期权激励企业高管是无可厚非的。在大多数情况下，这些期权没有得到恰当的披露，而是被用于掩盖超标的薪酬成本，虚增盈利。

如何快速识别拉高出货？

对投资者而言，最大的危害之一莫过于来自华尔街的狂热吹捧。我们首先要记住的是，华尔街本身是一个巨大的销售机器。投资业的生存基础就在于向我们推销投资产品，无论是股票、债券、共同基金或其他什么更漂亮的玩意，概莫能外。尽管公司的促销广告总能让它们显得和蔼可亲，宛如一心想帮你发财致富的富家大叔。

无论如何你都要牢记：这些公司真正想做的，不过是向你兜售自己的产品。我认为，大多数经纪商和财务顾问还是希望能通过自己的工作，给你带来财富和幸福，但也不能忘记，他们的首要目的还是自己的财富和幸福。卖出更多的产品，则是他们致富的唯一之路。我们很容易会陷于狂热，追逐潮流。

从财经新闻节目到互联网网站，再到报纸杂志，铺天盖地的信息，无时无刻不在我们身边涌动缠绕。基金公司和经纪公司的舆论领袖总是在不遗余力地摇旗呐喊，他们的观点更是被连篇累牍地引用，这一切无非是想告诉股民，他们是如何信心百倍地看好某只股票，他们的基金会有多么光明的未来盈利。

总之，他们的唯一目的，就是想方设法让你买点什么。因此，这些并无所谓好坏但对你看上去好像很关心的人，绝非是什么善良、和蔼的叔叔阿姨，因为他们在本质上就是销售员。

在他们为某家公司做上市承销的时候，就是想让你买他们的股票，因此，他们当然会信誓旦旦地告诉你，自己所承销的公司多么出色。承销商和经纪商需要通过你的买进来增加自己的工资、收益和未来业务。卖的股票越多，就越有助于他们提高自己在客户中的声望。于是，如果以后有某家公司需要筹集资金的时候，他们就可以得到更多的业务和收费。

由于目前的公司上市速度已经大不如前，因此，华尔街上的投资银行家也在调整收费手段。2004—2006 年，私人股权始终呈现出一派兴旺繁荣的局面，而股票流通量则日渐减少。私人股权基金收购了大量的上市公司，并使部分股票退出流通。

事实上，仅仅在 2006 年，就已经有 5 559 亿美元的股票因并购和股票回购而退出股市。我们之所以会看到这些私人股权基金蜂拥入市，纷纷为很多公开上市公司开出高价，甘愿支付溢价，最根本的原因在于，它们认为可以通过剥离这些上市公司的核心资产，获取其额外股利，或是通过企业重组，进一步提升其权益报酬率。因此，权益报酬率较高的公司，也更有可能成为私募基金的收购对象。

这种狂热吹捧的另一个例子，就是我在前面曾经提到的商品基金。我一直坚信，商品基金的发达兴盛，在部分意义上可归功于华尔街的推波助澜，因为它们已经黔驴技穷，无力为股票创造更多的业务。当市场上的某一门类成为热门时，你肯定会看到，大公司必然会构建一只专门从事此类业务的基金。这倒不是因为它们能给你带来财富，而是因为这样的产品更有市场。

多年以来，我一直在关注着这个行业，并且一次又一次地看着这样的事情周而复始：20 世纪 80 年代初是不动产基金；90 年代是互联网基金；21 世纪初，又有了纯商品基金。只要是好卖的东西，华尔街就会不失时机地趋之若鹜。

除不可避免的周期性衰退之外，很多商品基金也步 Amaranth 对冲基金的后尘而让市场大跌眼镜，这只价值曾高达几十亿美元的对冲基金专攻能源产品，由于部分"表外"天然气合同入账而使天然气价格一落千丈，并导致基金最终不得不以破产而收场。

其他很多商品基金也受其连累，管理者只看到 Amaranth 基金在天然气交易中的主宰地位，却没有意识到他们所无法看到的"表外"天然气合同。这些"表外"天然气合同是否合法是一个问题，但有一点是确信无疑的：Amaranth 基金已经超越了应有的限度，它们的组合也缺少了应有的透明度。

除企业舞弊、管理层粉饰业绩和证券市场不负责任的大肆宣传之外，某些居心叵测的经营商还利用拉高出货手段——坐庄来始终如一地玩弄着更卑劣却更隐蔽的把戏和骗术。这样的手法已经延续了很久。**只要能让粗心大意的投资者听信他们编造的故事：他们手中分文不值的股票，将会成为下一个"苹果公司"或"微软"，这样的故事就还将延续下去。**以前，我们还只能收到它们的促销电话或是书信邮件。

现在，这些家伙已经开始利用传真机和电子邮件来鼓吹这些交易清淡、流动性匮乏的股票。然而，借助于我在本书中教给你的基本指标和量化法，完全可以帮助你辨别这些手法低劣的推销伎俩和别有用心的经营商。

我还注意到了一种新方法，它也许会和股票推销及抛空补回一样，成为另一种扭曲 α 系数的新伎俩。它就是我们所说的 ETF 效应。ETF 也是目前证券市场最炙手可热的产品之一，作为最新的创新型金融交易工具，它们的潜在影响是无比巨大的，尤其是通过重新调整组合结构而对股价带来的影响。

由于大多数此类基金都是刚刚建立的，结构调整的动因基本源于买进行为。于是，抬高股票报价的原因应该归结为 ETF 需要新的股票，而并不是因为它们的业绩有多出色。强烈的需求导致某些基金不惜冒险而向其他大公司或银行借入股票。

事实上，美洲银行已经注意到这一有利可图的业务，并专门开设了不收取使用费的免费交易账户，借此插手股市，通过向新基金出借股票而收取费用。

我们的投资依据是基本指标和买进压力，那些出现在 ETF 买进清单上的股票，也就不可能进入我们的投资视野。这就是说，你需要谨防这些新投资基金可能对股票带来的潜在影响。

按本书方法，综合利用基本面和量化因素买进成长型股票，完全可以让你远离危险，操纵盈利的股票也将无法达到我们的现金流衡量标准，最终必将被剔除出我们的考虑范围。而那些被人为吹捧起来的股票，尽管也许会显示出正的收益-风险比，却不可能满足大多数基本指标的要求，永远也不可能出现在你的投资视野中。

对我而言，**最重要的投资策略，就是永远让自己的情感远离股市，让数字成为我们唯一的领航灯**。只要我们能做到不偏不倚，不以感情为转移，华尔街上的那些销售机器、缺乏诚信的会计手法或居心叵测的经营商，就很难用它们所依赖的畏惧和贪婪引诱我们。

大师选股箴言

1. 在寻找股票的时候，让自己远离欺诈行为的最佳途径，就是确保一个企业的营业利润、权益报酬率和现金流始终能保持高等级。我还从来没有看到过一个企业能同时对这 3 个指标中的 2 个以上指标实施操纵。

2. 为避免因指标不合格而导致股价下跌，管理层就必然要篡改数字，从而使盈利指标达到华尔街的预期。

3. 贿赂基金的会计处理方法则是另一种掩饰客观现实的财务舞弊手段。

4. 大多数经纪商和财务顾问还是希望能通过自己的工作，给你带来财富和幸福，但也不能忘记，他们的首要目的还是自己的财富和幸福。卖出更多的产品，则是他们致富的唯一之路。

第 19 章

危机总会过去，
乐观成就成长型投资者

回顾历史，珍珠港事件、朝鲜战争、里根遇刺、海湾战争、"9·11"事件……无不对市场造成巨大冲击，为什么说越是危急时刻，越要做一个乐观投资者？

悲观者忽略了科技创新，总是过早放弃，为什么说只要人们有追求美好生活的愿望，我们就应坚定不移地做乐天派投资者？

The
Little Book
That Makes
You Rich

———— 肯·费雪 ————

《费雪论股市获利》作者

了解以往投资者对类似事件的反应，我们就能以史为鉴，更好地展望未来。虽然我们不能根据过去妄断未来，但它可以为我们点亮一盏灯。

强势成长股

在我看来，要最终成为一名成长股投资者，你首先必须是一个乐观主义者。因为在我们的股票投资之路上，曲折和颠簸往往是无处不在的。即使是你只投资于最优秀的股票，即使你能有效控制自己的投资风险，你也难免会遭遇一两次挫折。

与那些缺乏激情与活力的投资者相比，尽管你可能遭遇的挫折或许会少一些，但正是这为数不多的曲折和磨难，才会为你的投资之路增添一分景致。虽然我始终持有最佳股票而避免投资噩梦，但我也知道，总免不了遭遇一些不顺心的时候。

不论何等危机，都是意想不到的投资机会

我始终坚持这样一个事实：长期而言，股票投资一直是致富的最佳途径，这已经为现实所证明。股票的长期业绩一直超过债券和票据，其收益率也一直高于通货膨胀率。我坚信，这种趋势还将延

续下去。无论是罗格·伊博森（Roger Ibbotson），还是埃罗依·迪姆森（Elroy Dimson）、保罗·马什（Paul Marsh）和迈克·斯汤顿（Mike Staunton），很多学者均以精妙绝伦的学术研究，从研究角度反复验证了这一点。抛开起伏跌宕的涌动，获取财富的理想之地就是股票市场。

我曾经多次指出，自己是一个靠数字吃饭的人，因为数字能告诉我财富在哪里。威利·萨顿（Willie Sutton）[①]所说的那样，财富就是我憧憬的成功彼岸！我也非常认同这个观点。

因此，今天正是我们讨论"量化评级系统"（quantitative rating system）的大好时机。通过这个系统，我们可以判断每只股票所承受的买进压力，借此发现哪些股票正在吸引机构投资者积极买进。借助于"量化评级系统"，我们可以按这些已经为实践所验证的基本面指标对股票做出评价。

基本面等级最高的股票，往往也最容易带来机构买进压力，尤其是在进入收益季度时更是如此。因此，既然能用最优秀的股票构建我们的投资组合，自然也就没有任何理由成为悲观主义者。当然，只要努力争取，你也能成功，让自己成为一名名副其实的成长型股票投资者。满载基本面超乎寻常的股票进入收益季节，绝对是一件令人兴奋愉悦的事情！既然如此，你怎么会悲观呢？

如果你想成为一名悲观主义者的话，就自然会有无穷无尽的烦恼缠绕着你。比如说 2007 年，你也许会担心伊拉克的局势、朝鲜核危机、通货膨胀、滞胀、议会的失职无能、全球变暖，甚至布兰

---

①是著名的银行抢劫犯，当被问及为何抢劫银行时，他曾说过一句经典的话："因为那是放钱的地方。"——译者注

妮的坏毛病。20 世纪 90 年代，很多人担心的却是医疗改革、中东的紧张局势、千年虫问题、O.J. 辛普森，以及其他很多让曾经我们度过无数不眠之夜的消息。

20 世纪 80 年代，我们担心冷战、垃圾债券、艾滋病的流行，以及埃克森 "瓦尔迪兹号"（Exxon Valdez）的触礁漏油事故。这绝对是令我们彻夜难眠的事。在过去的每一个 10 年里，我们都可以找到一些让自己忧心忡忡、心焦如焚的东西，而且我们完全可以认为，这些事情绝对可以成为我们不投资于股票的理由。

现实却告诉我们，尽管我们的身边永远不会缺少某种危机，但每一次顾虑最终得以解决，或者至少得到了缓解。**伴随着越来越多的创新、越来越高的生产率和史无前例的盈利水平，社会依然保持着前进的总体趋势。历史告诉我们，乐观主义不是没有基础的，因为人类一直在通过不断解决问题、改变现状而进步着。**

假如说，尽管你认为市场上的乐观态势依然如旧，但内心深处那个挑衅的声音难免会让你顾虑重重。那就不妨看看利用现实问题的 "绿洲股"。你是否会担心中东无休无止的冲突呢？那就看看我们的高等级防守股，如洛克希德·马丁（Lockheed Martin）、雷神（Raytheon）和罗克韦尔·柯林斯（Rockwell Collins）。如果你担心石油供应的减少，以及不断上涨的能源成本，就检验一下到底有哪些能源企业能在纷繁嘈杂之中脱颖而出，不仅评级最高，而且盈利前景极为乐观。

你是否会担心全球变暖现象呢？如果这样的话，就找一些能通过严格环境控制实现盈利的企业。不妨看看这个例子：在飓风季节达到的时候，你也许希望通过增加环保合同交易而获利，既然如此，你只需要盯住芝加哥商业交易所（Chicago Mercantile Exchange，CME）和伦敦洲际交易所（Intercontinental Exchange，ICE）中的关键性股票，再看看它们在我们的数据库中排名如何。

有了适当的工具和分析，半空的瓶子在你的眼中便会成为半满的瓶子。尽管我们周围的世界永远不乏威胁，但你完全可以为自己构造一个能在这些危机中异军突起的组合。

此外，无论在世界的哪个角落出现何等危机，也许都会成为一个意想不到的投资机会。看看图 19.1，你就会发现，尽管危机不断、麻烦不少，但市场的总体趋势依然是不断上扬的。

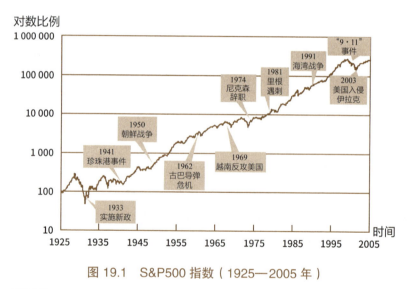

图 19.1　S&P500 指数（1925—2005 年）

资料来源：Ned Davis Research。

因此，既然我们能在不利的逆境中创造利润，为什么还要被这些坏消息纠缠不休呢？我们应该做的，就是坦然面对现实：坏消息也一样可以成为书刊、报纸的卖点，一样可以吸引电视观众，一样可以为互联网赢得更多的点击率。但那些悲观抑郁的泰斗，总能用"世界何以在 20 世纪 70 年代行将崩溃""为什么说世界将在 20 世纪 80 年代走到尽头"或"我真的想告诉你：一切都将在这个 10 年里尘埃落定"之类耸人听闻的话语，把这种压力和消沉变成了自己的畅销书。坏消息既可以给我们带来畏惧，也可以成为卖点。在 CNN 网站任何一天的网页上，我们都不难找到足以让我们心存顾虑的消息。

我是一个不折不扣的乐观主义者。我只盯着网站上的好消息，看看那些值得兴奋和愉悦的东西。在卫生健康领域，癌症死亡率一直在下降，科研人员已经发现了阿尔茨海默病基因，揭开最终治疗手段的时候似乎已经指日可待。

在技术领域，我们发现，Netflix 已经开始能通过互联网传输电影，这将让我们的休闲时间更加丰富多彩。在航空领域，一家航空公司已经在飞机上安装了反导弹装置，让航空业更加安全；在环保领域，太阳能的应用越来越普及，能源的成本越来越低。现实告诉我们，在我们这个世界上，其实每天都不缺少令人快乐的东西，它们能为我们勾画出一个更美好的明天！

尽管我不知道下一个实现飞跃式突破或重大发现的行业是什么，但我知道，当我们展望未来、寻找机遇的时候，总会看到成长型股票投资者的明天多么美好。纳米技术每天都向我们展现出日新月异的新气象，曾经让我们倍感痛苦的健康问题正在日渐减少。替代性能源的研究不断给我们带来新的惊喜，造就出成本越来越低的能源，而这就意味着越来越高的利润。

　　医疗科学不断发现新的治疗手段，延长着人类的寿命。技术创新持续改善着我们的生产率，让我们的生活更加优雅便捷。回头想想：就在 10 年之前，iPod、多用途汽车和基因疗法似乎还是科学幻想。我们根本就无从预见未来的世界将发展到何等地步，又有哪些重大突破和发现会改变和提高我们的生活，有一点毋庸置疑：创新与发现的横空出世是不以我们的意志为转移的。

　　除可以从个人角度享受创新的美妙之外，我之所以如此乐观，还因为通过投资于美化未来的最佳股票，可以让我从专业角度去享受这些新发现。

　　当某些人创造出治愈阿尔茨海默病或癌症的疗法时，或是能源公司找到替代石油的低成本燃料时，只要盯住这些具有优良基本面的快速增长型企业，我们就不会错过它们，而拥有这些股票，就会给我们带来巨大的收入和盈利。

　　只要以乐观的态度面对未来，做到运筹帷幄、未雨绸缪，未来注定会给我们带来取之不尽的财富。这样，我们每个人都能体验到创新的美妙之处。

不论市场如何变幻，都能获取不可估量的回报

　　我所投资的企业必须具备突破精神和创造利润的强大能力。关注基本面指标则可以保证，只要企业的新产品或新服务能创造出更大的需求，并造就出快速增长的销售额和利润，它就会出现在我们的投资对象之中。

　　这些企业往往是各自领域的主宰者，为研发活动创造出强大的

自由现金流，因而也更有可能实现创新和新发现。

只要简单浏览一下我们在 2007 年年初的买进清单，你就会发现，很多公司都在各自令人振奋的领域内独领风骚：Angeion 是心脏病以及肺部诊断治疗领域的领军者；NutriSystem 在科学健康减肥法领域中一枝独秀；DirecTV 则给家庭娱乐引入了一场革命；Gilead 长期致力于基因研究，在关键性药物及治疗手段方面一鸣惊人。

成长型企业往往也是创新型企业，为了探寻变革健康、科学，甚至娱乐产品和服务的新纪元，它们敢于而且也愿意承担商业风险。一旦新发现大功告成，新企业便会更上一层楼，我们就应该不失时机地把它们纳入到我们的投资组合中。这些企业也许没有异乎寻常的领导力，也许不会出现在我们的电脑屏幕上。

我也许永远无法预见到苹果公司的 iPod 居然会有今天这般的成功，我的模型却能做到，而且做得还很好。我还发现，只要应用这些令人振奋的股票构造一个多样化的组合，成为乐观主义者根本就不难。我不仅要保证投资组合分散在不同行业之间，而且还始终坚持自己的 60/30/10 式资金分配比例。

这样，就可以保证投资组合在不同股票之间形成合理的搭配。在市场起伏不定的时候，"保守型"股票肯定能有效抵御市场的大幅下跌，而在市场呈现快速增长的时候，"适度进取型"和"积极进取型"股票则会赋予我们充足的动力，让我们的投资组合实现更快增长。

多年以来，这个结构一直是行之有效的，不仅可以实现充分投资，而且又有效地抵御了市场和经济周期带来的威胁。

　　我的乐观态度还有另外一方面的原因，这就是成长型股票投资自身的有效性，这已经为市场和历史所证明。我最初发现高 β 系数股票与众不同是在 20 世纪 70 年代，那时的我还是一介书生。从此之后，我们就迎来了漫漫无期的恶性通货膨胀。之后是冷战、1987 年的股市崩盘、伊拉克战争、2000 年互联网泡沫的破裂和数不清的噩耗。

　　唯有成长型股票投资岿然不动，带给我的快乐依然如故。我承认自己是一个怪人，总是在研究市场，寻找新的思想来验证和丰富自己的分析模型。我们对各种关键指标进行了深入、全面的研究，以期发现最有效的工具，以及能让我们的选股模型更行之有效、更强大无比的手段。

　　因共同基金和对冲基金大量买进而不断上扬的高 β 股票，让我们在以往的 30 年里战无不胜，始终将市场跨之于脚下。当你已经拥有了强大的分析工具和技术，总能为自己选择引领市场潮流的股票时，又有什么理由不乐观呢？

　　一张图片也许可以抵得上 1 000 个字。图 19.2 展示了我们的高等级股票业绩表现。从 1998 年开始，股票市场的巨大震荡就一直在被人们高估。其间，我们经历了互联网泡沫的破裂、备受争议的总统大选、弹劾总统的争论、"9·11"恐怖袭击事件，以及随后的阿富汗战争和伊拉克战争。

　　在度过了这些风风雨雨之后，这些超凡脱俗的 A 级股票不仅仅是简单地超越了市场，而是让市场无地自容。从图 19.2 中，我们不难看出，尽管此间不乏坎坷颠簸，但是在过去的 8 年时间里，全部 A 级股票的平均年收益率整整比市场平均收益率高出了 30%。

图 19.2　A 级股票的市场业绩（1998—2006 年）

当市场在 2003 年重新走上顶峰的时候，这些股票再一次经历了难得一见的飞跃。拥有这些工具，足以让我成为一个乐观主义者，在我的整个投资生涯中，我都是一个彻头彻尾的乐观主义者。

还是让那些反对者和悲观沉沦的商人们去出售报纸和互联网广告去吧。我将和所有成长型股票投资者一道，对人类追求美好的愿望痴心不改，坚定不移，期待着我们这个世界更美好，让所有爱我的人和我爱的人更加幸福、平安，让我们的社会更有效率，让财富始终陪伴在我们的身边。

正是这些最简单但也是最强大的动力，不断催生着新的技术和发现，引领新的企业用它们的股票为投资者带来更多的回报。自人类社会诞生以来，尤其是 100 多年前现代市场初露端倪之后，创新就一直在不断出现。随着科学研究的不断深入，以及近10年来众多令人难以置信的重大发现，我们又怎么有埋由让自己成为悲观主义者、对即将到来的美好未来不翘首以待呢？

诸位亲爱的投资者，我对你的期望很简单：希望你以焕然一新的乐观主义态度，走上自己的投资之旅。**这本书中诸多已经为投资实践所验证的公式，以及我们所讨论的每一个策略，都将为你带来不可估量的回报。**不要犹豫了，从现在就开始让它们发挥威力吧，在你未来的投资之路上，无论市场风云如何变幻，你都会得到称心如意的利润，让你的财富美梦化为现实，最终到达你企盼的成功彼岸。

你的旅途并不会因为这本书的结束而终结。请记住，我送给你的武器，是经过我多年的研究和实践所提炼的专有股评技术，你完全有必要使用这些技术，并把它们付诸你的投资事业，切莫迟疑，现在就开始。最后，希望能在我的网站上看到你孜孜不倦的身影，听到你成功的好消息。

大师选股箴言

1. 长期而言，股票投资一直是致富的最佳途径，这已经为现实所证明。

2. 股票的长期业绩一直超过债券和票据，其收益率也一直高于通货膨胀率。

3. 借助于"量化评级系统"，我们可以按这些已经为实践所验证的基本面指标对股票做出评价。

4. 只要盯住这些具有优良基本面的快速增长型企业，我们就不会错过它们，而拥有这些股票，就会给我们带来巨大的收入和盈利。

5. 我所投资的企业必须具备突破精神和创造利润的强大能力。关注基本面指标则可以保证，只要企业的新产品或新服务能创造出更大的需求，并造就出快速增长的销售额和利润，它就会出现在我们的投资对象之中。

强势成长股

THE LITTLE BOOK
THAT MAKES YOU RICH

ᛁᛁ 致　谢 ᛁᛁ

很多人促使我创作了这本《强势成长股》，没有他们的启发和鼓励，就没有这本书的面世，在这里，我想对他们致以真挚的谢意。

第一，我必须感谢加州海沃德校区商业与经济学院。它们不仅为我提供了强大的会计处理系统，还让我有机会使用同样强大的分析设施：斯坦福大学的银行业模拟机和富国银行的计算机主机。正是因为有了这些工具，我才能对自己的量化指标，以及基本选股标准进行测试、计算、细化和验证。

我尤其要感谢阿诺德·朗森教授（Arnold Langsen），自从我1978年毕业之后，他就一直持之以恒地启发和引导着我。同时，我还要感谢加州海沃德校区无与伦比的课程安排，正是因为有了这么出色的教育体系，才能让我提前完成学业，并在20岁时就拿到学位。加州海沃德校区绝对是把我推上成功快速道的助推器。

第二，我要感谢基金管理公司中的每一位员工和股东。我尤其要感谢我们的管理团队，他们帮助我一起完善了这些量化指标，以及基础选股标准。我们共同努力对这个系统实施了进一步的拓展，分别开发了专门的节税型、交易型、套利型、特定风格型及国际型程序。每个周末，我们都在一起共同研究，并对近5 000只股票的量化指标，以及基本排序指标及时进行更新，以帮助投资者随时了解哪些是目前最值得买进的股票。我们的研究工作从来就没有停止过，我们对全体投资者的承诺：始终如一地致力于揭示当前乃至未来的重大股市异常情况。

第三，我还要感谢我在 InvestorPlace 的同人们。他们让我有机会在投资通讯中分享他们对几千名个人投资者的实践和认识，还把我的在线数据库运用于他们的全部用户。我在 InvestorPlace 媒体公司的同事以及我个人的使命，就是为投资者提供投资常识与工具，真正地帮助他们。尽管《赫伯特金融文摘》自始至终的高评价一直让我们引以为豪，但更令我们自豪的则是，我们所帮助的成千上万名投资者都梦想成真。

第四，我还要感谢妻子温迪（Wendy）和我的孩子们：克里斯托（Crystal）、切斯（Chase）和纳塔莉（Natalie）。他们一直宽容我在股市得以安静下来的周末潜心研究。我知道，我那精益求精的工作态度可能会破坏家庭生活的气氛，当我一门心思为投资者答疑解惑时，他们总能给我理解和支持。我当然希望自己的工作能让这些孩子们有所启发、有所收获，帮助他们在未来的生活和事业中取得成功。

第五，我还要感谢汤姆·迈尔文（Tom Melvin）和梅拉妮·拉索（Melanie Russo）。他们一直孜孜不倦地在背后忙于这本书的出版，在此，我向他们表示特别的感谢。

⊪ 译后记 ⊪

让数字告诉我们财富在哪里

在翻译这本书时，总能体会到一种如沐春风的感觉。本书通俗易懂、妙趣横生，把深奥的投资理论融合在我们身边的投资实践中。作为成长股投资者的偶像，它的成功业绩就是实力的最好见证。在这本书里，作者路易斯·纳维里尔把自己近30年投资实践的精髓一览无余地奉献给我们。他对股票市场的洞察、对选股技术的理解，以及对投资理念的认知，将为每一位读者带来幸运。

本书是一本侧重技术层面分析的经典投资之作。可以说，这本书融汇了很多所谓的投资哲学与技术分析，实际上，在本书中，你可以看到很多理论的身影：资本资产定价模型、组合管理技术、量化分析、技术分析、财务管理、企业财务分析、统计学、投资心理学……

如果让你拿起一本专著，那么也许你会觉得头昏眼花。当然，熟读专著，深刻领悟，绝对没有坏处，并不是每个投资者或者说每个人都有这样的时间去钻研，即使有这样的时间，也未必有这样的认知基础去理解和领会其中的玄机。

不过，本书却把无数貌似深奥无穷的理论清晰、直白地展现在我们面前。从这个角度来说，如果你是一个股票投资者，拿起这本书，对照一下自己的投资策略，梳理一下自己的投资方向，那么肯定会有所收获。即使你不是职业投资者，它也会让你有所启发。

始终贯穿本书的思路，就是作者屡试不爽的8个投资关键指标。它们也是作者用来选择成长型股票、认识公司和股市的基本标准。作者首先逐一介绍了这8个指标：盈利预测调整、盈余惊喜、销售额增长、营业利润率、自由现金流、盈利增长、盈利动量以及权益报酬率，并剖析了它们在投资选股中的运用，即如何利用这些指标评价股票的"动量级"，通过"综合股票等级"确定一只股票的吸引力，这也是作者"数字狂"秉性的体现。作者通过 α 系数和 β 系数，深入浅出地讲解了有关风险与收益的概念。此外，纳维里尔还介绍了一些曾经让他受益匪浅的投资技术，比如说锯齿形投资法；对"止损"技术进行了拓展，提出心理止损法；分析了大选周期、媒体导向、羊群效应等市场心理。最后，作者还对成长股的新型趋势——非美国股票、ETF进行了详细的介绍。

我个人认为，大家不妨把这本书当成一本投资启蒙、认识股票市场的初学者教材，很多原本晦涩的财务投资理论，在作者的笔下，变成最简洁、易懂的常识；投资者可以把它当成一本带在身上的投资纲领——作者提出的8个投资关键指标，为投资者指明了寻找成长型股票的标准。作者在书中反复强调："自己是一个靠数字吃饭的人，因为数字能告诉我财富在哪里。"这也恰恰是他成功的奥妙，同时，数字也应该成为每名投资者走向财富彼岸的指南。因为只有数字最有说服力。他把毕生的成功经验总结为一个模型，其实，这也算不上什么模型，不过是他对股市的理解和实践经验的总结，但有一点是毋庸置疑的，这个模型是投资者理性应对市场的基本手段。因为它让作者远离"羊群效应"的诱惑，用客观、谨慎的态度去面对市场，不要让冲动和激情主宰自己。正如作者所言："最重要的投资策略，就是永远让自己的情感远离股市，让数字成为我们唯一的领航灯。只要我们能做到不偏不倚，不以感情为转移，华尔街上的那些销售机器、缺乏诚信的会计手法或居心叵测的经营商，就很难用他们所依赖的畏惧和贪婪引诱我们。"

投资之路，就如同人生之旅，成功的背后总要有挫折，但失败也是一种美。一方面，作者告诉我们，"就长期而言，股票投资一直是通过市场而致富的最佳途径，这已经为现实所证明"；另一方面，纳维里尔终究是一位理性的投资大师，"要最终成为一名成长型股票投资者，你首先必须是一个乐观主义者。因为在我们的股票投资之路上，曲折和颠簸往往是无处不在的。即使是你只投资于最优秀的股票，即使你能有效控制自己的投资风险，也难免会遭遇一两次挫折。和那些缺乏激情与活力的投资者相比，尽管你可能遭遇的挫折或许会少一些，但正是这为数不多的曲折和磨难，才会给你的投资之路增添一分景致"。

人生何尝不如此呢？人生其实就是在不断地投资，我们需要选择，需要衡量，需要决策。保持乐观心态，我们就不乏勇气和财富，当然永远也不会缺少希望。让我们的财富在探索中成长，让我们的人生在投资中绚丽多彩。

海派阅读
GRAND CHINA

**READING
YOUR LIFE**

人与知识的美好链接

20 年来，中资海派陪伴数百万读者在阅读中收获更好的事业、更多的财富、更美满的生活和更和谐的人际关系，拓展读者的视界，见证读者的成长和进步。

现在，我们可以通过电子书（微信读书、掌阅、今日头条、得到、当当云阅读、Kindle 等平台），有声书（喜马拉雅等平台），视频解读和线上线下读书会等更多方式，满足不同场景的读者体验。

关注微信公众号"**海派阅读**"，随时了解更多更全的图书及活动资讯，获取更多优惠惊喜。你还可以将阅读需求和建议告诉我们，认识更多志同道合的书友。让派酱陪伴读者们一起成长。

✿ 微信搜一搜   🔍 海派阅读

了解更多图书资讯，请扫描封底下方二维码，加入"中资书院"。

也可以通过以下方式与我们取得联系：

📠 采购热线：18926056206 / 18926056062　　📞 服务热线：0755-25970306

✉ 投稿请至：szmiss@126.com　　　　　　　　◎ 新浪微博：中资海派图书

更 多 精 彩 请 访 问 中 资 海 派 官 网　　　[www.hpbook.com.cn ›]